Robert Pap und Friedgard Engländer

VON SCHICKSALSBAUM UND WELTENESCHE

Umschlaggestaltung von Friedhelm Steinen-Broo, eStudio Calamar, Pau, unter Verwendung von 2 Aufnahmen von E. Pott (Hauptmotiv und großes Foto: Stiel-Eiche, *Quercus robur*), 1 Aufnahme von J. Vogt (kleines Foto oben: Feld-Ahorn, *Acer campestre*) und 1 Aufnahme von W. Willner (kleines Foto unten: Buchenwald).

Mit 68 Illustrationen: 38 von M. Golte-Bechtle (S. 8/9, 12, 16, 18, 20, 29, 30, 36, 43, 52, 70 (Eberesche) 74, 75, 80, 81, 86, 92, 100, 101, 106, 112, 120, 126, 127, 132, 133, 138, 144, 145, 152); 11 von S. Haag (S. 87, 93, 107, 113, 121, 139, 153); 12 von G. Zauner/Kosmos (S. 70/71); 5 aus Hagededer: Geist der Bäume, Verlag Neue Erde, 1998 (S. 15, 24, 49); 2 aus Müller-Ebeling, Rätsch, Störl: Hexenmedizin, AT Verlag, 1999 (S. 31, 51).

Die Deutsche Bibliothek – CIP-Einheitsaufnahme
Ein Titelsatz für diese Publikation ist bei der Deutschen Bibliothek erhältlich.

Bücher · Kalender · Spiele · Experimentierkästen · CDs · Videos
Natur · Garten & Zimmerpflanzen · Heimtiere · Pferde & Reiten · Astronomie · Angeln & Jagd · Eisenbahn & Nutzfahrzeuge · Kinder & Jugend

KOSMOS Postfach 10 60 11
D-70049 Stuttgart
TELEFON +49 (0)711-2191-0
FAX +49 (0)711-2191-422
WEB www.kosmos.de
E-MAIL info@kosmos.de

Alle Angaben in diesem Buch erfolgen nach bestem Wissen und Gewissen. Sorgfalt bei der Umsetzung ist indes dennoch geboten. Der Verlag und die Autoren übernehmen keinerlei Haftung für Personen-, Sach- oder Vermögensschäden, die aus der Anwendung der vorgestellten Materialien und Methoden entstehen könnten. Dabei müssen geltende rechtliche Bestimmungen und Vorschriften berücksichtigt und eingehalten werden.

Gedruckt auf chlorfrei gebleichtem Papier

© 2002, Franckh-Kosmos Verlags-GmbH & Co., Stuttgart
Alle Rechte vorbehalten
ISBN 3-440-09149-x
Lektorat: Dr. Stefan Raps
Grundlayout: Friedhelm Steinen-Broo, eStudio Calamar, Pau (Spanien)
Satz und Reproduktion: Doppelpunkt, Leonberg / Ruf Medienservice, Neuhausen
Produktion: Doppelpunkt, Leonberg / Lilo Pabel
Printed in Czech Republic / Imprimé en République tchèque
Druck und Bindung: Těšínská Tiskárna, Český Těšín

VON SCHICKSALSBAUM UND WELTEN-ESCHE

Wesen und Mythos unserer Bäume

Robert Pap
Friedgard Engländer

KOSMOS

Inhalt

Vorwort 6

MIT BÄUMEN LEBEN 8

Urbewohner der Erde 12
Was einen Baum zum Baum macht 14
Werden und Vergehen unserer Wälder 18

Mythologie und Traditionen 24
Das alte Griechenland 26
Die Zeit der Kelten 26
Schamanen gestern und heute 30
Bräuche und Rituale 33

Mit Bäumen sprechen 36
Umwelt oder Mitwelt? 37
Die Naturreligionen verschwinden 38
Gefühlvolle Pflanzen 40
Elementarwesen in Bäumen 45
Die feinstoffliche Welt der Eiche 47
Reisen in die Anderswelt 49

Bäumen begegnen 52
Mit fünf Sinnen wahrnehmen 54
Verborgene Welten entdecken 57
Kommunikation auf der feinstofflichen Ebene 63

13 Baumporträts 70

Ahorn 74

Apfel 80

Birke 86

Buche 92

Eberesche 100

Eibe 106

Eiche 112

Erle 120

Esche 126

Linde 132

Tanne 138

Ulme 144

Weide 152

Literatur 160

Vorwort

In früheren Zeiten spielte die Begegnung mit Bäumen eine große Rolle und beeinflusste auch in unserer Kultur das tägliche Leben. Diese Weltsicht wollen wir uns näher anschauen, um vielleicht darauf zu kommen, dass solche Gedankenansätze auch in unserer heutigen Welt und im Alltag eine Anwendung finden können.

Die Annäherung zu diesem Thema möchten wir auf eine fundierte Art und Weise vermitteln. Beweisen im streng naturwissenschaftlichen Anspruch lässt sich die Kommunikation zwischen Baum und Mensch im Sinne eines nonverbalen Austausches nicht. Es gibt allerdings einige interessante Ansätze aus unterschiedlichen Richtungen, die Sie vielleicht zum Staunen bringen werden. Wir sind in einer ähnlichen Situation wie ein Biologe, der vor 35 Jahren behauptet haben mag, Tiere hätten einen Magnetsinn: damals eine sehr kühne These, heute bewiesene Realität. Nicht zuletzt die moderne Physik gelangt mit ihren Erkenntnissen aus der Quantenmechanik zu der Annahme, dass eine Trennung zwischen rational erfassbarer Welt und den so genannten „feinstofflichen Dimensionen" nicht mehr haltbar ist.

Mit unserem mechanistischen Weltbild, das die Erde, die Pflanzen, Steine und Flüsse und vieles mehr als unbeseelt betrachtet, sind wir nicht in der Lage, die Sprache der Bäume neu für uns zu entdecken. Für einen Zugang zu ihnen müssen wir neben dem rationalen Denken auch die intuitive Seite unseres Seins mit einbeziehen.

Die Bäume waren immer schon Vermittler zwischen den Welten, dem Kosmos und der Erde. Wir können mit ihnen kommunizieren, um in die Geheimnisse der Natur einzudringen und uns mit dem stillen Wissen des Universums zu verbinden. Wenn wir den Respekt gegenüber der Erde und ihren Wesenheiten wiederfinden, werden wir offen für neue Erfahrungen.

In allen ursprünglichen Kulturen wurde mit der Natur kommuniziert, um Wissen und Heilung zu erfahren und es für die Gemeinschaft zu nutzen. Das Wesen des Baumes manifestiert sich zwar natürlicherweise zunächst in seiner Gestalt und seinem Aussehen. Aber es gibt noch eine weitere Ebene, auf der wir das innere Wesen erfassen. Dort können wir in Kontakt mit der Aura des Baumes treten, mit seinem Faun kommunizieren oder einfach die Schönheit der Natur genießen.

In einem eigenen Kapitel finden Sie Übungen, die Sie langsam zu einer intensiven Begegnung mit Bäumen hinführen. Sie lernen Ihre Wahrnehmung auszuweiten sowie sich ganz auf eine Sache zu konzentrieren. Ein wichtiges Instrument dabei ist Ihre Intuition – der Umgang mit ihr ist erlernbar.

Wir haben uns für 13 Bäume entschieden, die wir Ihnen gerne näher vorstellen möchten. 13 steht für den lunaren Aspekt, für die 13 Monde, einen Rhythmus, der zu Zeiten der Verehrung der Großen Mutter Schöpferin lebendig war. Dabei beschäftigen zunächst Erkenntnisse aus Biologie, Forstwirtschaft, Gartengestaltung und Medizin Ihren Intellekt und lassen Sie die Bäume besser verstehen. Das Wesen des Baumes, die Begegnung mit ihm und die Mythologie über ihn vermitteln Ihnen darüber hinaus ein tieferes Verständnis für diese hoch entwickelten Lebewesen.

An erster Stelle stehen jedoch immer die ganz persönlichen Erfahrungen mit „Ihrem" Baum. Lassen Sie sich ein auf das Wesen der Bäume und ihre Mythen – und fangen Sie an, mit ihnen zu kommunizieren!

ROBERT PAP UND FRIEDGARD ENGLÄNDER

Mit Bäumen leben

Den ersten Teil dieses Buches haben wir in vier Kapitel gegliedert, die Sie in die vielfältige und beeindruckende Welt der Bäume entführen. Betrachten Sie mit uns diese außergewöhnlichen Lebewesen von all den Seiten und Perspektiven, die sie uns bieten. Und lernen Sie, die Bäume mit anderen Augen zu sehen und zu begreifen, nämlich als hoch entwickelte ganz besondere Mit-Geschöpfe, die seit Urzeiten in einer tiefen Verbindung zum Menschen stehen.

Im ersten Kapitel *Urbewohner der Erde* beschäftigen wir uns mit harten Fakten, mit der Sicht der Naturwissenschaftler, wie sie uns in der Schule vermittelt wird. Hier stellen wir zunächst den Aufbau eines Baumes vor, gehen also der Frage nach, was einen Baum eigentlich zum Baum macht. Über die Bedeutung des Waldes nach der letzten Eiszeit bis in die Gegenwart berichtet der folgende Abschnitt. Auch wenn Sie sich einmal gefragt haben, wie Sie das Alter eines Baumes leicht und einfach bestimmen können oder wie dies in der Wissenschaft geschieht, haben wir für Sie eine Antwort parat.

Im zweiten Kapitel *Mythologie und Traditionen* gehen wir weit in die Geschichte zurück und sehen uns die Bedeutung der Bäume bei den Griechen und den Kelten etwas näher an. Wir vergleichen die enge Bindung von Naturreligionen mit christlichen Bräuchen von heute und zeigen auf, dass sich die Rolle von Bäumen in den vergangenen zweitausend Jahren vielfach verändert hat. Gleichzeitig macht uns dieser Exkurs deutlich, welche starke Rolle und Symbolik Bäume auch heute noch spielen und ausdrücken und welche Emotionen diese Lebewesen nach wie vor in uns hervorrufen. Der Blick in andere Zeiten und Kulturen ermöglicht es uns, auf dem Alten und Überlieferten aufbauend, neue Sichtweisen einzunehmen und eine intensivere Begegnung mit Bäumen zu pflegen.

Im dritten Kapitel *Mit Bäumen sprechen* machen wir Sie mit unterschiedlichen Denkansätzen und Verständnisweisen vergangener Kulturen vertraut. Was kann man sich unter Elementarwesen vorstellen und welche Funktion haben sie bei Bäumen? Wie stehen heilige Orte mit Bäumen in Verbindung und welche Rolle spielt die mystische Kraft der Bäume bei den Schamanen? Und was bedeutet dies alles für unsere heutige Lebensweise, für unser eigenes Lebensverständnis? Wir zeigen Ihnen aber auch auf, wie mit heutigen modernen Mitteln anschaulich gemacht werden kann, dass Pflanzen nicht primitive Lebewesen sind, die über keine Sinneswelt verfügen, sondern dass sie in einem eigenen und komplexen Zusammenhang mit der sie umgebenden Umwelt stehen. Wir setzen uns also mit alten und neuen Herangehensweisen auseinander, die man alle als ein Angebot verstehen kann, in einen stärkeren Kontakt zu Bäumen zu treten.

Im letzten Kapitel *Bäumen begegnen* machen wir einige Übungsvorschläge, wie Sie sich persönlich den Bäumen auf eine behutsame Weise nähern können. Die Übungen führen Sie schrittweise an die jeweiligen Fragestellungen heran. Mit einiger Praxis können auch Sie mit Bäumen kommunizieren. Sie lernen, auf Ihre Eingebung zu achten und zu beobachten, welche körperlichen Reaktionen ein Baumbesuch bei Ihnen auslöst. Und Sie werden über die Meditationen und Wahrnehmungsübungen nicht nur näher an das Wesen der Bäume herangebracht, sondern bauen dadurch auch eine allgemeine Wahrnehmungssensibilität anderen Dingen und Lebewesen und sich selbst gegenüber auf. Eigene Probleme im Alltag werden Ihnen zugänglicher, Sie schöpfen Kraft aus der Begegnung und Sie lernen sich selbst darüber hinaus auf eine neuartige und tiefgründige Weise kennen.

Urbewohner der Erde

Die Erde ist fünf Milliarden Jahre alt, 320 Millionen Jahre gibt es Bäume und vor etwa fünfeinhalb Millionen Jahren haben die ersten menschenähnlichen Wesen gelebt. Durch ihre Fähigkeit, Lichtenergie auf der physischen Ebene der Erde zu binden, nehmen die Pflanzen einen bedeutenden Stellenwert im gesamten Stoffkreislauf der Erde ein. Sie sind die „Träger" primärer Energie und stehen am Beginn der Nahrungskette.

Das Bemerkenswerte der Pflanzen ist ihre Fähigkeit, mit Hilfe von Sonnenlicht und Wasser organische Substanzen und Sauerstoff zu produzieren. Sie sind somit Lebensgrundlage für Mensch und Tier. Dies gilt besonders für die Bäume: Eine frei stehende Buche mit einem Alter von 100 Jahren besitzt beispielsweise mit etwa 800.000 Blättern eine Gesamtblattfläche von 1600 Quadratmetern. Sie kann damit den jährlichen Sauerstoffbedarf von zehn Menschen decken. Wir sind also völlig abhängig von den Pflanzen, wogegen sie ohne uns ganz gut auskommen würden. Auch haben sie eine große Bedeutung als Wasserspeicher, Erosionsschutz und als Klimaregulatoren. Bäume besitzen zwar nicht die Fähigkeit, so wie wir Menschen, sich schnell von einem Ort zum anderen zu bewegen. Doch sie haben sich als zähe und anpassungsfähige Opportunisten in ihre jeweiligen Nischen eingeordnet. Sie kommen natürlicherweise fast überall vor. Mit Ausnahme etwa von Hochflächen oder blankem Fels haben sie alle Lebensräume auf dem Festland erobert.

Was einen Baum zum Baum macht

Sehen wir uns die Konstruktion eines Baumes einmal näher an. Er ist ein statisches Wunderwerk: Er wiegt sich im Wind, ist elastisch und trägt doch einige Tonnen Gewicht auf seinem Stamm. Der Bodenkontakt ist dabei relativ gering. Versuche, einen Baum mit technischen Mitteln nachzubauen, sind bis heute gescheitert.

Wie nun funktioniert ein Baum eigentlich? Wie nimmt er das Wasser und die Nährstoffe auf? Warum werden manche Bäume im Alter in ihrem Stammdurchmesser nicht dicker? Diesen Fragen, und noch anderen mehr, wenden wir uns in den folgenden Ausführungen zu und betrachten somit das Wesen Baum zunächst einmal von seiner rein biologischen Seite.

Die Wurzeln

Die Aufnahme von Wasser und Nährstoffen geschieht mit Hilfe feiner Haarwurzeln. Jedes Jahr dringen sie weiter in das Erdreich ein. Durch eine Art Unterdrucksystem „pumpt" der Baum von den Wurzeln das Wasser mit den Nährsalzen über den Stamm in das Blattwerk. Manche Bäume gehen eine Symbiose mit bestimmten Pilzen ein, die die Aufnahme von Stickstoff erheblich verbessern. Als „Gegenleistung" versorgen die Wurzeln „ihre" Pilze mit Aminosäuren und Kohlehydraten. Neben der Wasser- und Mineralstoffaufnahme übernehmen die Wurzeln

Die verschiedenen Arten der Wurzelsysteme. Die meisten Bäume weisen Mischformen auf.

Flachwurzel

auch die Funktion der Stabilisierung und der Verankerung des Baumes.

Wir unterscheiden drei Wuchsformen von Baumwurzeln: die Flach-, die Herz- und die Tiefwurzler. Die meisten Bäume haben eine Mischform dieser drei Wurzeltypen. Der Umfang der Krone hat bei fast allen Bäumen einen ähnlichen oder noch größeren Durchmesser als der Wurzelbereich.

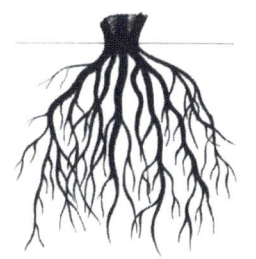

Herzwurzel

Der Stamm

Der Stamm des Baumes übernimmt vielfältige Funktionen. Er stützt den gesamten Organismus, bringt das Blattwerk dem lebensnotwendigen Licht entgegen, befördert aber auch das Wasser, Mineralien und

Tiefwurzel

Spurenelemente hinauf in das Blattwerk und bringt „Nahrung" in die unteren Bereiche des Baumes und zu den Wurzeln.

Die äußerste Schicht des Stammes ist die Rinde. Borke ist die Bezeichnung für ihren abgestorbenen äußersten Teil. Diese ist wasserdicht und dient dem Baum als Schutz vor Wind und Wetter. Dringen wir weiter ins Innere des Stammes vor, so stoßen wir hinter der Rinde und dem Bast (das ist die jährlich neu gebildete Schicht der Rinde) auf das Kambium, jene Zone, die am aktivsten ist. Das Kambium produziert zwei Arten von Zellen: Nach außen hin das Phloem, das für den Nahrungstransport nach unten ver-

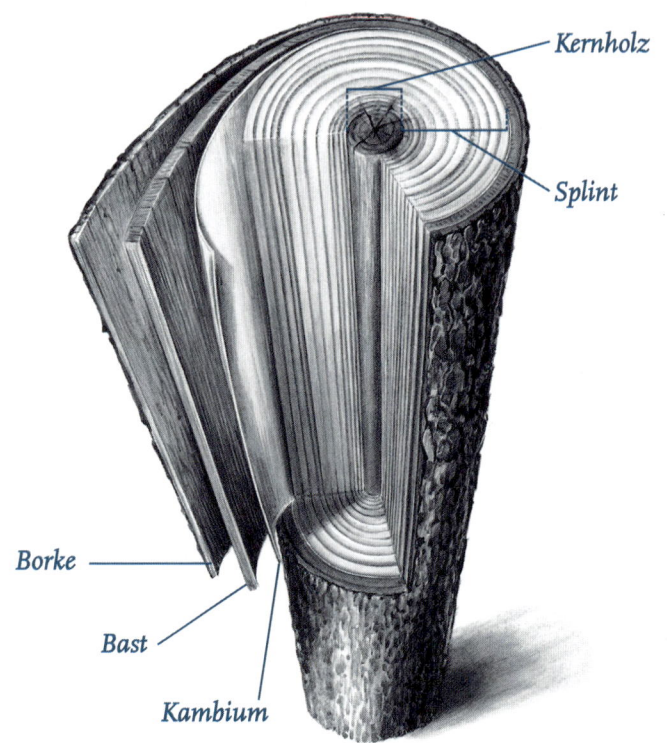

antwortlich ist; nach innen hin die Zellen des Xylems, die den Saftstrom nach oben in die Blattbereiche gewährleisten.

Weiter innen im Stamm befinden sich abgestorbene Xylemzellen. Diese relativ großen Zellen bilden das Splint- und Kernholz, jenes Holz, das von der Holz verarbeitenden Industrie genutzt wird. Der Baum wächst also nicht wirklich von innen nach außen, sondern verbreitert seinen Umfang über die oben beschriebenen Ringschichten.

Die Blätter

Damit der Baum Photosynthese betreiben kann, benötigt er Blätter. Diese treiben bei den Laubbäumen jedes Jahr neu aus. Manche Bäume bilden im Frühjahr zuerst die Blüten, wie beispielsweise der Spitzahorn oder die Magnolie, bei vielen anderen sind aber zuerst die Blätter zu sehen und erst anschließend die Blüten (etwa bei der Rosskastanie oder der Linde).

Bei der Photosynthese stellen die Blätter bzw. das in den Blättern enthaltene Blattgrün (Chlorophyll) aus Wasser und Nährsalzen gemeinsam mit dem Licht der Sonne und dem Kohlendioxyd der Luft Zucker her. Als „Überschussprodukt" entsteht Sauerstoff. Nur ein kleiner Teil des Wassers wird für den Stoffwechsel verbraucht, der Großteil wird über so genannte Spaltöffnungen (die meist auf der Blattunterseite liegen) wieder ausgeschieden. So lässt sich die erhöhte Luftfeuchtigkeit in einem Wald erklären.

Die Herbstfärbung der Blätter hängt mit eingelagerten Gerbstoffen (Carotinoiden) zusammen. Das sind lichtempfindliche Moleküle bzw. Pigmente, die auch dem Gemüse die Farbe geben. Im Herbst wird jedes einzelne Laubblatt vom Zweig abgetrennt. Zuvor baut sich aber das für die Grünfärbung der Blätter verantwortliche Chlorophyll ab. So entstehen die verschiedenen bunten Färbungen unserer Bäume, die diese Jahreszeit mehr prägen als alles andere.

Nadeln sind auch Blätter

Im Unterschied zu den meisten Laubblättern liegen bei den Nadeln die Blattnerven parallel. Auch ist bei Nadelblättern ein höherer Wachsanteil eingelagert, der das Austrocknen im Winter verhindert. Doch auch die Nadeln fallen ab, im Schnitt allerdings erst nach fünf bis sieben Jahren. Mit Ausnahme der Lärche behalten alle einheimischen Nadelgehölze im Winter ihre „Blätter".

Für die Unterscheidung der wichtigsten zwei Nadelbäume Fichte und Tanne gibt es ein einfaches Merkmal: Nur die Tannennadeln zeigen auf der Unterseite zwei markante bläuliche

Die Blätter des Ginkgobaumes sind einzigartig.

Wachsstreifen. Die mit Tannen leicht zu verwechselnde, aus Nordamerika importierte Douglasie ist leicht zu unterscheiden: Wenn die Nadeln zwischen den Fingern gerieben werden, entsteht ein orangenähnlicher Duft.

Eine besondere „Mischform" zwischen Nadel und Blatt ist bei einer einzigen, sehr alten Baumart erhalten geblieben. Es ist das Blatt des Ginkgobaumes. Die Blattnerven sind hier weder parallel noch verästelt angeordnet. Der Ginkgo gehört wie die echten Nadelbäume zu den Nacktsamern, d.h. die Samen liegen nicht wie bei den Laubbäumen geschützt, sondern offen auf einem Tragblatt (bei den Zapfen etwa von Tanne oder Fichte sind das die einzelnen Schuppen). Der Ginkgo kann aufgrund seines Alters als lebendes Fossil bezeichnet werden und steht in der Nomenklatur der Bäume an ganz eigener Stelle.

Werden und Vergehen unserer Wälder

Laubmischwald, wie wir ihn in Mitteleuropa kennen, gibt es seit über 60 Millionen Jahren. Lange bevor Menschen die Erde besiedelten, war er schon der am weitesten verbreitete Waldtyp. Doch aufgrund klimatischer Veränderungen und später wegen des zunehmenden Einflusses des Menschen, waren die Wälder in Europa immer wieder großen Veränderungen unterworfen. Das ist bis heute so geblieben.

Eiszeit in Europa

In der letzten Eiszeit (maximale Vereisung vor 16.000 bis 20.000 Jahren) wurde der Wald stark zurückgedrängt. Überleben konnten in dieser Zeit nur wenige Baumarten in Süd- und Südosteuropa. Die Temperatur im nördlichen Teil des Kontinents war so niedrig, dass die Vegetationsperiode nicht mehr ausreichte: Die Sommerzeit war für die Pflanzen zu kurz, um zu blühen, Blätter zu bilden und zu fruchten. Der früher bei uns heimische Bambus oder der Tulpenbaum verschwanden so vollkommen aus Mitteleuropa und konnten sich später auch nicht mehr ansiedeln.

Die Eiszeiten sind dafür mitverantwortlich, weshalb es bei uns relativ wenige Baumarten gibt. Warum aber ist der Artenreichtum in Nordamerika, das auch von Eiszeiten heimgesucht wurde, deutlich höher als in Europa? Sehen wir uns das anhand der Eichen einmal näher an.

In der gemäßigten Zone gibt es etwa 600 verschiedene Eichenarten, wobei das Hauptverbreitungszentrum in Nordamerika liegt. Im deutschsprachigen Raum gibt es aber nur zwei Hauptarten, die Stiel- und die Trauben-Eiche. Der Grund für diese Artenarmut hängt mit den großen Gebirgszügen zusammen. Da die klimatische Veränderung nicht abrupt, sondern über Jahrhunderte vor sich ging, hatten die Bäume immerhin Zeit, sich in Richtung Süden „zurückzuziehen". Nun verlaufen in Nordamerika die Hauptgebirge von Norden nach Süden, in Europa sind aber die Alpen und die Pyrenäen ost-westlich ausgerichtet. Da sich die „Stoßrichtung" des Eises auf beiden Kontinenten von Norden nach Süden orientierte, konnten demnach die Pflanzen in Europa nicht so einfach nach Süden ausweichen, die Gebirge waren eine unüberwindbare Hürde – und viele Arten verschwanden für immer.

Die Rückkehr der Bäume

Als die Temperaturen wieder stiegen und das Eis schmolz (vor etwa 12.000 bis 10.000 Jahren), konnte sich der Wald wieder ausbreiten. Dieser Vorgang dauerte einige tausend Jahre. Durch die Erwärmung entstand sehr viel Schmelzwasser und in ganz Europa bildeten sich zunächst ausgedehnte Sumpfgebiete. Es war die Birke, die diese feuchten Landstriche besiedelte. Mit der Zeit kehrten auch Kiefer, Pappel, Weide, später auch Wacholder, Eberesche (Vogelbeere) und Hasel zurück.

In der sich daran anschließenden Besiedelungsphase entstand eine Waldform aus Eichen, Eschen, Ulmen, Linden und Ahorn. Als es vor etwa 4000 Jahren wieder etwas kühler und feuchter wurde, kam ein neuer Baum dazu, die Buche. Seit ungefähr 2800 Jahren sprechen wir deshalb vom Buchenzeitalter, das bis zum heutigen Tag anhält: Die Buche wurde zur dominierenden Baumart Mitteleuropas.

Europa wird gerodet

Das römische Reich setzte den ersten machtvollen Hieb gegen die Bäume. Ein radikaler Kahlschlag zog sich durch den Kontinent. Mehrere hunderttausend römische Soldaten mussten mit Weizen, Ess-Kastanien und Wein versorgt werden. Um diese Pflanzen anbauen zu können, brauchten die Römer Ackerflächen. Dafür rodeten sie großflächig Wälder. Das Holz diente außerdem als Baustoff für Häuser und Schiffe und zur Fertigung von Waffen. Der Untergang des römischen Reiches hinterließ so große zerstörte Landstriche des einst dicht bewaldeten Kontinents.

Als sich vor etwa 1000 Jahren nach den Völkerwanderungen und damit verbundenen sozialen und politischen Umwälzungen die wirtschaftliche Lage in Europa stabilisierte, nahm auch die Bevölkerung rasch zu: Das war der Beginn der zweiten großen „Urbarmachung" Mitteleuropas. Wieder wurde mit einer noch nie da gewesenen Geschwindigkeit Wald gerodet. In vielen Siedlungen wurde gegen Ende des 13. Jahrhunderts ein Zustand erreicht, der bis zum heutigen Tage seinesgleichen sucht. Der Holzbedarf pro Person war in dieser Zeit etwa achtmal so hoch wie heute. Erst als die Pest und erneut aufflackernde Kriege im darauffolgenden Jahrhundert die Bevölkerung um gut ein Drittel dezimierte, konnte sich der Wald regenerieren und allmählich wieder ausbreiten.

Waffen aus Wäldern

Eine waldbildende Baumart aus vorchristlicher Zeit finden wir heute nur mehr vereinzelt vor. In ganz Europa samt Großbritannien gab es einstmals große Eibenwälder. Doch nur wenige Exemplare haben überlebt. Der Grund: Die Eibe war wegen ihre Härte und gleichzeitigen Elastizität für die Waffenproduktion so begehrt, dass sie nahezu ausgerottet wurde.

Zeugen der Zeit

Viele Menschen fragen sich, gerade bei großen Exemplaren, nach dem Alter der Bäume. Diese Frage genau zu beantworten, ist nicht immer leicht. Es gibt zu viele unbekannte Faktoren, als dass man ohne weiteres eine Schätzung abgeben könnte: So zeigen einzeln stehende Bäume in niedrigen Lagen oftmals einen guten jährlichen Holzzuwachs und einen entsprechend großen Stammumfang. In Gruppen und in rauen schattigen Lagen dagegen bilden gleichaltrige Bäume vergleichsweise nur etwa die Hälfte des Stammumfanges aus. Wie groß und mächtig ein Baum wird, hängt auch von der Bodenzusammensetzung, von den Niederschlägen, der Nährstoffkonkurrenz und vielen anderen Faktoren ab.

Eine Möglichkeit, das Alter eines Baumes ungefähr zu bestimmen, ist das Messen des Baumstammumfangs in Brusthöhe. Das können Sie selbst mit Hilfe eines Maßbandes ausprobieren. Steht der Baum frei, erhält von allen Seiten Licht und ist unbeschnitten, so ist das Alter folgendermaßen zu berechnen: Bei beispielsweise 220 Zentimeter Umfang dividieren Sie durch den Faktor 2,5, was ein Alter von knapp 90 Jahren ergibt. Bei Bäumen aber, die im Wald wachsen, dividieren Sie den gemessenen Umfang durch den Faktor 1,25. Ausnahme ist hier die Eibe, da sie viel langsamer wächst und trotz hohen Alters einen nur geringen Umfang erreicht. Bei ihr können Sie diese Rechnung nicht anwenden.

Professionelle Methoden zur Altersbestimmung am lebenden Baum werden mittels dünner Hohlbohrer durchgeführt. Anhand der Bohrkerne lassen sich die Jahresringe abzählen. Am einfachsten ist diese Messung aber bei gefällten Bäumen: Hier können Sie das Alter an den Jahresringen der Baumscheibe abzählen. Im Frühjahr gibt es einen großen Schub, der bei den Jahresringen dem hellen Teil des Holzes entspricht. Im Herbst zeigt das Holz aber eine dunklere Farbe. Interessanterweise wachsen die Bäume selbst im Winter noch etwas, obwohl viele dann keine Blätter tragen. Untersuchungen haben gezeigt, dass sie auch über die Rinde etwas Photosynthese betreiben.

Über die Jahresringe sind selbst Großwetterlagen und klimatische Schwankungen abzulesen. Ein besonders milder Herbst entspricht einem relativ großen Zuwachs im dunklen Jahresring. Dieser weicht damit bei allen betroffenen Bäumen von ihren übrigen Jahresringen ab.

Mit Hilfe der so genannten Dendrochronologie lässt sich auf diese Weise sogar bei bereits abgestorbenen Bäumen (die beispielsweise in Mooren konserviert wurden) das genaue Alter bestimmen: Werden die einzelnen Jahresringmuster von sich in ihrem Lebenszeitalter überlappenden Bäumen nebeneinander gelegt, so entsteht ein geschlossenes Strichcodemuster. Dieses Muster reicht so lange, wie überlappende Baumfunde vorliegen. Den Beginn dieser zeitlichen Kette markieren lebende Bäume, an die dann sozusagen Stück für Stück totes Holzmaterial „angelegt" wird, das die jeweils ältesten Jahresringe des Ausgangsmaterials eindeutig identifizierbar überlappt. Das können neben Bäumen aus dem Moor auch alte Truhen, Kutschräder und Türen sein, oder Bilderrahmen, Brückenpfeiler aus dem Mittelalter und Material aus Fachwerkgebälk. Diese einfache Methode erlaubt eine beeindruckende zeitliche Einordnung: Die Rückdatierung von Baumfunden reicht 7200 Jahre in die Vergangenheit!

Es ist mit dieser Technik auch möglich, das Alter von Bäumen aus anderen Kontinenten zu bestimmen. Bäume sind also wahre historische Schatzkammern, die Auskunft geben über das globale Klima unseres Planeten und über die Zusammensetzung der Atmosphäre in der Vergangenheit.

Mythologie und Traditionen

In der Mythologie kommt die verborgene Kraft der Bäume zum Ausdruck. Wir geben daher auf den folgenden Seiten einen Überblick zu verschiedenen Epochen und Religionen und zeigen auf, dass die Menschen in früherer Zeit in einer engeren Beziehung zu den Bäumen lebten als wir.

Der Mann aus dem Eis, auch „Ötzi" genannt, lebte vor 5300 Jahren und hatte rund zwanzig verschiedene Gegenstände mit sich getragen. Diese waren aus 18 verschiedenen Holzarten gefertigt. Wir wissen nun nicht, ob Ötzi Händler war oder Schamane. Wir können aber davon ausgehen, dass unsere Urahnen mehr über die Bedeutung des Holzes und der Bäume wussten als wir.

Unsere mythologische Reise beginnt bei den Griechen. Sie endet bei Bräuchen und Riten, die bis in die heutige Zeit überlebten und die wir alle kennen.

Das alte Griechenland

In dieser Kultur gab es viel heilige Haine. Diese Orte wurden gepflegt und gehegt, denn sie übten einen günstigen Einfluss auf die benachbarten Dörfer aus. Eingegrenzt wurden solche Plätze beispielsweise mit Hecken aus Hainbuchen. Der gesamte Bereich und nicht nur die Bäume als solche, wurde zu einem Heiligen Hain. Innerhalb dieses Haines durften die Menschen keine Pflanze entwenden, keinen Ast knicken und kein Reisig sammeln. Die Schutzzone zu missachten, kam der Entweihung eines Altars gleich und war undenkbar. Der Umkreis dieses heiligen Bezirkes war für den „Normalmenschen" tabu. Bei Missachtung drohten strenge Strafen.

Unter einzelnen Schutzbäumen gab es zudem eine Besonderheit. Hier herrschte Gottesfriede und kein Mensch durfte in diesem Bereich wegen weltlicher Dinge belangt werden. Es galten besondere Gesetze. Dodona bei Epirus war der bekannteste Ort eines solchen Orakel- und Schutzbaumes in der Antike. An diesem Ort fanden Verfolgte Schutz, ähnlich wie das später in christlichen Kirchen üblich war. Nahm sich der Verfolgte einen Zweig des Schutzbaumes mit, so konnte er sogar unbehelligt das Land verlassen.

Die Zeit der Kelten

Die Ursprünge der keltischen Kultur liegen etwa 4000 Jahre zurück. Ihre Blütezeit war um 750 bis 450 vor Christus. In dieser Zeit liegen die Wurzeln unserer heutigen Gesellschaft. Die Kelten waren in Mitteleuropa das letzte Volk, das die Welt um sich herum noch als Einheit betrachtete und in einer ähnlichen

Glaubenswelt lebte, wie wir sie von den Indianern Nordamerikas kennen. Die Bruderschaft mit Bäumen ist in dieser Kultur ein Teil dieses Einsseins.

Die Weltenesche

Für die Kelten waren Heilige Haine wichtige Orte des Kontaktes mit der Mutter Erde, Mittelpunkte ihrer Glaubensanschauung, Orte, die sie mit dem höchsten Geist der Schöpfung verbanden. Zu ihrer Zeit gab es überall ausgedehnte Wälder, so dass es nicht verwundert, dass die Menschen dort ihre Spiritualität lebten. Der Wald prägte ihre Denkweise, ihre Wahrnehmungen der Geisterwelt, ihr Heimatgefühl. Die dichten Eichenwälder bildeten das Zentrum der druidischen Rituale und waren die Hauptquelle ihrer Kraft. Bezeichnenderweise leitet sich der Name Druide vom griechischen Wort „drus" ab, was „Eiche" bedeutet.

Der dichte Wald war auch eine Hilfe, die Stille und Einsamkeit zu finden, in der die Schamanen auf Visionssuche gingen. Durch Abgeschiedenheit und Ruhe war es leichter, die alltägliche Wirklichkeit auszuschalten und den Weg der inneren Reise anzutreten. Die Ausbildung der Druiden dauerte 20 Jahre. Daher wird vermutet, dass sie einen Großteil ihres Lebens mit der visionären Arbeit in den Wäldern zubrachten. Durch die Beziehung zu Kraftgeistern, Krafttieren, Pflanzen, insbesondere Bäumen, und zu Gewässern kommunizierten sie mit dieser anderen Welt.

Einer der am meisten beschriebenen Bäume der Kelten ist die Weltenesche Yggdrasil. Der Baum als Vermittler zwischen den Welten ist bis heute ein Merkmal der schamanischen Traditionen Eurasiens und Amerikas. Ygg war ein anderer Name für Odin, dem höchsten Gott der Germanen. So wurde der Weltenbaum auch „Odins Pferd" genannt.

Die Weltenesche Yggdrasil
Weiß neun Heime,
neun Weltenreiche,
des hehren Weltbaums
Wurzeltiefen.
Aus der Edda, Völuspa, 2

Die nordische Sage Edda beschreibt diesen Baum, der verschiedene Daseinszustände in sich beherbergt. Zum einen ist er Heimat von uns Menschen, zum anderen aber auch anderer sichtbarer und unsichtbarer Bewohner. Das sind die Zwerge und die Riesen, die in der Mittelerde – Midgardr genannt – wohnen; ein Ausdruck, den sich J.R. Tolkien für seinen Roman „Herr der Ringe" auslieh. In der oberen Welt, die Asgadr heißt, leben die Lichtelben, die Asen und die Wanen. Das sind Lichtwesen, die Kontakt zur Mittelerde haben. In der unteren Ebene, Utgardr genannt, befindet sich die Heimat der Seelen, der Feuerriesen und das Totenreich Hêl. Die Christen haben daraus die Hölle abgeleitet. Diese drei Welten sind miteinander verbunden und werden von zahlreichen Tieren bewohnt.

Insgesamt hat die Weltenesche drei mächtige Wurzeln, bei denen drei heilige Quellen entspringen. Eine dieser drei Quellen – Mimisbrunnr, bewacht von einem Riesen – enthält das kostbarste aller Getränke. Es verleiht demjenigen, der es trinkt, allumfassendes Wissen, Weisheit und Inspiration.

Die zweite Quelle nennt sich Urdbrunnen. Aus diesen schöpfen drei Mädchen Wasser. Sie geben durch die Pflege des Brunnens und des Wassers den Menschen das Leben und verkörpern die Dreifaltige Göttin der Erde. Hier ist klar zu erkennen, dass die weibliche Dreieinigkeit ein sehr frühes Symbol ist, das ebenfalls vom Christentum übernommen und in eine männliche

Kraft verwandelt wurde. Viele der matriarchalen Merkmale früherer Kulturen sind in der christlichen Lehre vollständig verschwunden.

Die dritte Quelle Hvergelmir ist der Ursprung der zwölf Eisströme, die sich zur Dämmerung der Schöpfung mit den Feuerkräften vermischen. Sie entspringt dem Totenreich.

Runen – Baumzeichen

Die Kelten gebrauchten Runen, eine Keilschrift, die eng in Verbindung mit Bäumen steht. Mit Hilfe eines eigenen Baumalphabets war es den Eingeweihten so möglich, geheime Botschaften auszutauschen. Im Folgenden stellen wir Ihnen einige Runen vor, die eng mit Bäumen zusammenhängen.

Die Wurzel des Baumes wird als Yr-Rune angesehen. Das ist ein senkrechter Strich, in der unteren Hälfte dreigeteilt. Die Yr-Rune bezeichnet die dunkle Hälfte des Jahres, die Herbst- und Winterzeit. Hier verankert sich das Sonnenlicht tief unten und fest in der Mutter Erde. Die drei Wurzeln dringen tief in die Urmutter ein und nähren sich vom Weltenbrunnen.

Die Rune Algiz, auch Man-Rune genannt, symbolisiert die Baumkrone und den Adler: ein senkrechter Strich, der in der oberen Hälfte dreigeteilt ist. Sie wird auch als Menschen-Rune bezeichnet, da sie aussieht wie ein Mensch, der seine Hände emporstreckt. Sie symbolisiert das lebensspendende und fördernde Prinzip und zeigt jene Menschen, die das Menschengeschlecht und die einzelnen Völkerstämme gegründet haben. So wie die Yr-Rune dreifach in die Tiefe strebt, ist die Kraft der Man-Rune dreifach gegen den Himmel gerichtet.

Eine Rune, die die ersten beiden vereint, wird Ilx-Rune oder Irminsäule genannt. Sie besteht aus einem senkrechten Strich, der sich oben und unten dreiteilt. Diese Rune ist das Symbol des ewigen Baumes, des Weltenbaumes, in dem die Erkenntnisse der Natur wohnen. Sie stellt einen Schlüssel dar, der zu verborgenem Wissen führt. Der obere Teil der Rune versinnbildlicht den Tag und die Sonne, der untere Teil steht symbolisch für die Nacht und den Mond. Wenn die beiden Kräfte miteinander vereint sind, dann steht der Mensch in seiner Mitte. Die Ilx-Rune offenbart sich in der Materie, wobei der obere Teil uns zu höchster Erkenntnis führt und der untere Teil zum tiefen Ergründen der Welt, zu Verständnis leitet.

Aus dieser Rune hat sich eine der bekanntesten Runen abgeleitet: Die Hagal-Rune ist ein Sechsstern, bei der drei Striche durch das Zentrum führen. Hier fand eine Verkürzung des Stammteiles statt. „Hagal" bedeutet das „All-Hegende" oder das „All-Nährende".

Die Is-Rune ist ein senkrechter Strich, der den Stamm des Baumes darstellt. Diese Rune steht für das Aufrechte im Menschen und gibt einen Richtwert für das Maß aller Dinge. Im Menschen findet sie sich in der Wirbelsäule, die die wichtigsten Impulse für alle Organe übermittelt.

Es gab bei den Kelten zwei Runen, die direkt einem Baum gewidmet waren: Berkana und Ihwaz (Eiwaz). Erstere war die Rune für die Geburt und der nährenden Mutter und findet sich in dem hellen Lichtbaum Birke wieder. Die zweite Rune symbolisierte die Transformation, also den Tod und die Wiedergeburt, und wurde in der Eibe gesehen.

Schamanen gestern und heute

Schamanismus ist ein bis heute praktizierter Weg, über Rituale Heilung und Problemlösung zu erlangen. Dies gelingt durch die

Tierverwandlung eines sibirischen Schamanen: Der Samojeden-Schamane reitet auf einem Tier, die Trommel schlagend, in die Unterwelt.

Kraft der Geister und die Wesenskräfte von Natur, Pflanzen, Tieren und Elementen. Diese Kultur findet sich bei allen nomadisierenden Naturvölkern, sie ist eine Jahrtausende alte Kunst, mit den unsichtbaren Kräften des Universums zu arbeiten.

Die Verschmelzung von uns Menschen mit dem Universum baut sich über die Verbindung von Himmel und Erde auf, wobei der Baum eine wesentliche Vermittlerrolle spielt. Der Weltenbaum etwa spiegelt die schamanische Auffassung von Ober-, Mittel- und Unterwelt wider. Bäume sind dementsprechend Brücken zwischen den Welten und bilden ein Tor zu geistiger Entwicklung, zur Welt der Visionen, der spirituellen Kräfte. Diese anderen Wirklichkeiten werden auch Anderswelt oder Parallelwelten genannt, in anderer Weise auch feinstoffliche Ebene.

Die schamanische Praxis geht davon aus, dass wir mit den Tieren und Pflanzen reden können. Dies ist Ausdruck des tiefen Respekts vor der Mutter Erde und allen Lebens auf ihr. Die Schamanen pflegen also eine starke Verbindung zu den Kräften der Natur. Die Erde betrachten sie als lebendiges Wesen. Die Erde hat eine Persönlichkeit, einen Geist und eine starke Selbstregulierungskraft. Sie verdient Respekt und Dank und wird als Mutter, die Sonne dagegen – in vielen Sprachen mit männlichem Artikel versehen – als Vater betrachtet.

Schamanen kennen die Gesetze der Wildnis, die Heilkräfte der Pflanzen, die Kraft der Elemente Erde, Feuer, Wasser, Luft und jene der Himmelsrichtungen. Es geht ihnen in ihren Bemühungen stets um die Verbindung mit der universellen Kraft, die alles hervorbringt und alles mit Leben beseelt. Die große Göttin, die Schöpferin des Universums, stellt hierbei die große Kraft dar. Daher ist die Frau Mittlerin zwischen der Schöpferkraft und dem Menschen, sie ist die Urschamanin schlechthin. Durch die Gebärmutter bringt sie das Leben aus der Urmutter Erde in die irdische Existenz.

Im Schamanismus ist alles, was existiert, belebt: die Bäume, die Tiere, die Steine, auch die Sonne, der Wind und der Regen besitzen ein Bewusstsein. Schon dem Samen eines Baumes wird großer Respekt entgegengebracht, da er bereits vor dem Keimen das Bewusstsein des fertigen Baumes in sich trägt. Die Natur wird als ebenbürtig betrachtet und mit großer Achtung behandelt. Erst eine solche Einstellung ermöglicht auch ein gegenseitiges Lernen. Schamanen und die praktizierenden Völker bitten die Natur, danken mit Opfergaben, grüßen oder kommunizieren durch Gebete, sei es bei vielen Stämmen der australischen Aborigines, in Afrika, bei den Indianern in Amerika oder bei den Kelten in Europa.

Doch das Bewusstsein der Natur und sein spirituelles Leben existieren nicht ausschließlich in der Anschauung ursprünglicher Kulturen, sondern finden sich in den mystischen Darstellungen aller Völker, über alle Religionen und Jahrhunderte hinweg. Verbunden damit ist auch die Überzeugung, dass sich die Natur mit uns austauschen möchte. In Naturerscheinungen wie Landschaft, Wetter, Tieren und Pflanzen kann sich uns die schöpferische Macht mitteilen. Dies geschieht über den Geist, der in all diesen belebten Wesen steckt.

Bräuche und Rituale

Bäume spielen auch in unserer Kultur eine wichtige Rolle, vor allem als Symbole für Schöpfungskraft und Fruchtbarkeit, was sich beispielsweise in Form von symbolischem *„Schlagen" mit Reisig* erhalten hat. In manchen Gegenden berühren oder „pfeffern" junge Burschen die jungen Mädchen zur Zeit der Wintersonnwende mit weichen Birken- oder Weidenästen. Die Absicht dahinter: reicher Kindersegen in der Zukunft.

Um eine bessere Fruchternte für das kommende Jahr zu erhalten, wurden früher auch Obstbäume mit Reisig geschlagen. Dadurch erhoffte man sich auch ein besseres Wachstum. Der Wachstumsgeist ist mit dem Baumgeist, dem Faun, identisch. „Die Lebensgeister wecken" ist ein Spruch, der mit diesem Brauch zusammenhängt.

Ein Brauch, der gar nicht so alt ist, ist Folgender: Bei der Geburt eines Kindes pflanzten die Eltern einen *Obstbaum*, unter dessen Wurzeln die Plazenta vergraben wurde. Bekamen sie ein Mädchen, so wurde zur Förderung ihrer Schönheit ihr Badewasser regelmäßig bei diesem Obstbaum ausgeschüttet. Der Baum erfuhr dadurch eine energetische Verbindung mit dem Mädchen und unterstützte ihre körperliche und geistige Entwicklung. Wenn sie länger von zu Hause wegblieb, zeigte der Obstbaum an, wie es ihr in der Ferne erging.

Es gibt zahlreiche Bräuche, bei denen in Vergessenheit geriet, dass sie mit Verehrung zu tun hatten. So steht der *Richtbaum* beim Bau eines Hauses als Zeichen für die Fertigstellung des Rohbaues samt Dachstuhl. Am höchsten Punkt des Hauses bringt man meist ein kleines Fichtenbäumchen an.

Einen Baum, den wir uns einmal im Jahr ins Haus holen, ist der Christbaum. Der *Weihnachtsbaum* ist ein sehr junger Zeuge eines längst vergessenen Baumkultes unserer Vorfahren. Im neunzehnten Jahrhundert war der Brauch, einen Nadelbaum ins Haus zu holen, nur noch wenigen Menschen bekannt, breitete sich dann aber sehr rasch aus. Innerhalb von knapp hundert Jahren stellte der Weihnachtsbaum im gesamten europäischen und amerikanischen Raum einen festen Bestandteil des gesellschaftlichen Lebens dar. Die Kirche wehrte sich zwar gegen diesen ursprünglich heidnischen Brauch, konnte sich aber nicht durchsetzen.

Ein anderer Brauch aus früherer Zeit ist das *Frühjahrsfest* „Hieros gamos" (heilige Hochzeit) am 30. April, auch Walpurgisnacht genannt. Ein heidnisches Priesterpaar feierte in dieser Nacht stellvertretend für das Volk eine „heilige Hochzeit". In der Vereinigung sah man das kräftigste Symbol, um die Fruchtbarkeit des Landes zu stärken.

Später war es nicht nur einem Priesterpaar vorbehalten, dieses Ritual durchzuführen. Es wurde vor allem von der Jugend ausgelassen gefeiert, es war der Tag der Vereinigung des männlichen und weiblichen Prinzips. Laut einer Aufzeichnung aus dem 16. Jahrhundert verlor ein Drittel aller Mädchen in dieser Nacht ihre Unschuld. Die Kirche versuchte über Jahrhunderte, diesen Brauch zu verbieten. Für sie war es ein orgiastisches, unzüchtiges Fest, das mit dem Teufel in Verbindung stand. Heute, d. h. seit etwa 50 Jahren, wird dieses Fest ironischerweise als Tag der Arbeit bezeichnet und am 1. Mai gefeiert.

Auch das *Maibaumaufstellen* zeigt die Verbindung zu Fruchtbarkeitsritualen. Der Stamm, früher meist eine Birke, symbolisiert mit seinem Wipfel das männliche Prinzip, den Phallus. Der Kranz auf dem die Früchte oder der Schmuck hängen, steht symbolisch für das weibliche Prinzip, die Vagina. Die Fruchtbarkeit drückt sich bei traditionellen Maibäumen vor allem in Form einer spiralförmig angebrachten Blumengirlande um den Baumstamm aus, was eine Schlange symbolisiert. Neben der eigenen Fruchtbarkeit war auch jene der Äcker und des Viehbestands mitgemeint – sie bildeten schließlich die Lebensgrundlage.

Doch nicht nur Wachstum und Vermehrung wurden symbolisiert. Lange Zeit gab es im Christentum Bäume, die als Sinnbild für *Heilung* standen. In ihnen sah man die Aufrichtungs- und Lebenskraft des Kosmos. Als besonders heilsam galten dabei jene Bäume, deren Stamm oder Wurzeln geteilt waren und aus denen eine Quelle entsprang. Viele solcher „Heilquellen" sind bis zum heutigen Tag erhalten. Früher trug man die Kranken durch den Zwischenraum des Baumspaltes. Besonders gerne wurde dieser Brauch bei Kindern angewandt. Der Überlieferung nach verbindet sich der Geist des Menschen mit dem des Baumes, so dass dieser die Krankheit heilen kann. Bezeichnenderweise hießen derartige Spalten oder Öffnungen in Bäumen im Volksmund „Elfenlöcher". Das Schicksal eines Menschen war demnach eng mit dem Zustand eines Baumes verbunden, weshalb man auch von „Schicksalsbäumen" sprach.

Wurde aus so einem Heilbaum ein Schiff gebaut, so konnte den Seefahrern nichts passieren, da ihnen der Geist des Baumes immer zur Seite stand. So entstand auch die Sage vom Klabautermann, der im Holz des Schiffes wohnt und die Seefahrer bei Gefahr in Schutz nimmt.

Wenn wir nun heute den Baum als ganz besonderes Lebewesen wiederentdecken, so wird die bestehende Trennung zwischen Natur und Mensch ein wenig kleiner. Wir können das Gefühl der Einheit aller Lebewesen auf diesem Planeten wieder bewusster erfahren. Lassen wir uns dabei von den Bäumen helfen – über die direkte Begegnung sowie über das Wissen um Mythologie und Brauchtum aus der Vergangenheit bis heute.

MIT BÄUMEN SPRECHEN

Manche Zeitgenossen quittieren die Behauptung, Menschen können mit Bäumen sprechen, mit einem mitleidigen Lächeln. Für andere hingegen ist es Realität, denn sie kommunizieren mit den Bäumen wie mit Menschen. Wir möchten diesen Ansatz, dieses Verständnis etwas näher betrachten und Sie auf eine kleine Zeitreise mitnehmen.

Umwelt oder Mitwelt?

Vor dem Beginn der Neuzeit begegneten die Menschen der Natur auf eine andere Weise als heute. Mündlich überliefertes Wissen stand im Vordergrund, es entstanden Märchen, Legenden und Sagen, die bis heute überlebten. In diesen erscheinen die Quellen, Flüsse, Berge und Bäume sehr lebendig. Gerade Bäume nehmen darin einen besonderen Stellenwert ein, da sie als Teil des umfassenden Lebens und als Mitbewohner dieser Welt betrachtet werden. Hinter der materiellen, sichtbaren Form erkannten die Menschen Geistiges und Unsichtbares. An jedem

Ort, in jeder Quelle und in vielen Bäumen verbargen sich Heiligtümer, die sie verehrten und achteten.

Die Menschen lebten eingebunden in einen natürlichen Rhythmus, der von den Jahreszeiten bestimmt wurde. Bestärkt wurde dieser Rhythmus durch regelmäßige Rituale. Durch das ständige Wiederholen ein und desselben Ablaufs festigte sich die Beziehung zur Natur und zum überlieferten Wissen. Das vermittelte den Menschen Sicherheit und Geborgenheit. Sie lebten eingebettet in einem natürlichen Rhythmus des Alltages und der damit verbundenen Religiosität.

Die Naturreligionen verschwinden

Die Christianisierung verdrängte die Naturreligionen nach und nach. Die Kirche übernahm aber viele heidnische Feiertage und erklärte sie zu christlichen Festtagen. Gleichzeitig untersagte sie Baumverehrungen und ließ in ihrem Namen alte Orakelbäume der Heiden fällen. Von nun an bestimmten die christlichen Feiertage das Leben der Menschen.

Das komplexe Glaubenssystem des Heidentums, das die Vielfalt in der Kommunikation von Mensch und Natur beinhaltete, wurde durch einen dogmatischen Monotheismus verdrängt. Die Kirche löste so im Lauf der Zeit das Gleichgewicht der Naturreligionen, das auf der Verständigung und Verbindung aller Geschöpfe beruhte, auf.

Unter den Konsequenzen dieses Bruchs leiden wir noch heute. Vor allem die im Folgenden beschriebene, durch eine rationale und anthropozentrische Sichtweise eingeleitete Epoche, hatte zur Folge, dass wir heute nur noch Bruchstücke wahrnehmen können, wo vormals eine ganzheitliche Lebensweise geherrscht hatte: Wir haben den Blick für die Ganzheit der Natur, in der der Mensch Teil einer größeren Wirklichkeit ist, verloren.

In den vergangenen 350 Jahren entwickelten sich viele grundlegende philosophische Ansätze, die in der Gesellschaft zu großen Veränderungen führten. Einer davon bestimmt als so genannter Rationalismus bis heute unser Weltbild. Descartes versuchte Anfang des 17. Jahrhunderts, die Sinnfrage des Lebens logisch zu klären. Seitdem werden Phänomene nur dann akzeptiert, wenn sie sich in ein rational-logisches Konzept einfügen. Wir sprechen vom mechanistischen Weltbild, das über die Naturwissenschaft bis in unser Alltagsverständnis vordrang.

Die Naturwissenschaft versucht, alles Lebendige empirisch, das heißt mittels Anschauung, Experiment und Messbarkeit, zu begründen. Die Logik ist dabei das Werkzeug, das wissenschaftlichen Theoriegebäuden ihren Halt verleiht. So analysiert und zerlegt sie das Lebendige Teil um Teil. Wenn wir die Natur wie ein großes Buch betrachten, so hat der Mensch aufgehört, darin zu lesen. Er zerteilt die Sätze und Wörter und kann nur mehr buchstabieren.

Was bedeutet es nun, wenn wir dieses Bild übertragen? Um die physische Ebene eines Baumes begreifen zu können, reicht es der Wissenschaft so vorzugehen, wie es die Botanik tut: Anatomie, Physiologie, Chemie und Physik – das sind die Ebenen, die zu Erkenntnis, zu Wissen über den Untersuchungsgegenstand führen. Die feinstofflichen und unsichtbaren Bereiche bleiben mit dieser Methode allerdings verborgen. Grob vereinfacht symbolisiert die rein wissenschaftliche Vorgehensweise, dass wir nicht mehr Teil der Natur sind, sondern – anthropozentrisch – in der Mitte stehen und die Welt sich um uns herum befindet. Daher stammt auch der Begriff „Umwelt", der eigentlich „Mitwelt" heißen sollte.

Die Naturwissenschaft, die diesen engen Spielraum der Weltsicht vorgibt, sieht sich dabei als höchste Instanz der Wirklichkeit. Sie ist vergleichbar mit einer Person, die eine Tür zu einem dunklen großen Raum aufmacht. Im Lichtkegel einer Taschenlampe sieht sie einen Teil des Raumes und meint, dass sei der Raum – bemerkt dabei aber nicht, dass dieser Ausschnitt eben nur ein Teil des Ganzen ist. Dieser Ansatz führte langfristig dazu, dass wir uns heute von unserer Umwelt als losgelöst empfinden. Wir dürfen dabei aber auch nicht übersehen, dass diese Entwicklung den technischen Fortschritt ermöglichte, der uns materiellen Wohlstand brachte.

Gefühlvolle Pflanzen

Bäume sind Heiligtümer.
Wer mit ihnen zu sprechen vermag
und ihnen zuzuhören weiß,
der erfährt die Wahrheit.
Sie predigen nicht Lehren und Rezepte,
sie predigen das Urgesetz des Lebens.
Hermann Hesse

Gerade weil wir in einer analytisch-rationalen Welt leben, ist es interessant, sich wissenschaftliche Forschungen einmal näher anzusehen. Dabei wird deutlich, dass die Naturwissenschaft etwas untersucht, womit ursprüngliche Kulturen schon seit Jahrtausenden leben. Das chinesische „Qi", das indische „Prana", verschiedenste Ausdrücke der Afrikaner und Indianer, bezeichnen mit ihrer bildhaften Sprache genau den belebten Teil der Landschaft, dem heutige Wissenschaftler auf der Spur sind.

Doch gehen wir zunächst zu den Anfängen, in jene Zeit, als nicht nur Interessierte, sondern auch ernst zu nehmende Naturwissenschaftler über die rein stoffliche Erscheinung hinaus Pflanzen zu untersuchen begannen.

Erste Untersuchungen

Einer der ersten, der sich mit der Erfahrungswelt von Pflanzen auseinandersetzte, war der Amerikaner Backster. Er arbeitete bei der Polizei mit dem Lügendetektor. Eines Tages kam er auf die Idee, eine Elektrode des Lügendetektors an eine Zimmerpflanze „anzuschließen". Beim Gießen der Pflanze erwartete er, dass der Schreiber des Lügendetektors die typische Kurve eines kleinen elektrischen Widerstandes zeigt. Diese entsteht, wenn sich die Leitfähigkeit in der frisch mit Wasser versorgten Pflanze verbessert. Er war allerdings sehr überrascht, als die Kurve völlig anders aussah. Sie ähnelte jenen Kurven, die bei Menschen gemessen werden, wenn sie angenehm stimuliert werden.

Durch diesen Erstversuch neugierig geworden, beschloss er weitere Experimente. Er versengte beispielsweise ein Blatt mit einem Feuerzeug, was heftige Ausschläge hervorrief. Auch die bloße Bedrohung und die Absicht, der Pflanze etwas anzutun, lösten ähnliche Reaktionen aus. Bei Versuchen, der Pflanze etwas vorzutäuschen, reagierte diese allerdings nicht.

Backster schlussfolgerte so: Auch bei Pflanzen gibt es eine Form von mentaler oder emotionaler Kommunikation, die weder auf elektromagnetischen Impulsen noch auf einer chemischen Übertragung beruht. Für viele Pflanzenbesitzer mag diese Ansicht nicht verwunderlich sein. Sie wissen um die besonderen Fähigkeiten von Pflanzen und überlegen nicht, warum beispielsweise eine Pflanze besser gedeiht, wenn man mit ihr spricht, sondern nehmen es als eine selbstverständliche Tatsache hin.

> *Bäume spüren unsere Gefühle*
> *Vielleicht kennen Sie aus eigener Erfahrung ähnliche Beispiele wie das Folgende: Eine Familie hat in ihrem Garten einen Baum frisch eingesetzt, der auch ganz gut anwächst. Im Sommer fährt die Familie in Urlaub und bittet die Nachbarin, den Garten zu pflegen. Die hat wenig Bezug zu Pflanzen, gießt aber den Baum regelmäßig. Doch dieser verliert nach einigen Tagen die ersten Blätter.*
>
> *Was dem Baum in diesem Fall schadete, war nicht nur die fremde Betreuung, sondern auch der labile Zustand der Nachbarin. Sie durchlebte die unangenehme Trennung von ihrem Partner, wodurch sie auf den instabilen Zustand des jungen Baumes eine schwächende Wirkung ausübte. Jede Umpflanzung und Veränderung der Standortbedingungen bringen einen Baum eine Zeit lang in einen Schockzustand. Kommen noch weitere ungünstige Einflüsse hinzu, wird das in einer physischen Reaktion des Baumes sichtbar.*

Bei unserer Beschäftigung mit Bäumen standen wir immer wieder vor schwer beweisbaren Phänomenen. Da wuchs beispielsweise ein großer Eschenahorn in einem von uns einsichtigen Innenhof. Arbeiten an der Fassade machten es notwendig, einen der beiden Hauptäste abzuschneiden. Anstatt weiterzuwachsen, stellte der noch vorhandene Ast aber sein Wachstum ein und wartete sechs Jahre, bis der zweite Ast wieder seine ursprüngliche Form erreichte und der Baum sich somit wieder im Gleichgewicht befand. Erst im siebten Jahr wuchs der Baum gleichmäßig weiter. Woher „wusste" der Baum, dass ihm ein Teil fehlte? Wie steuerte er seine gezielten Wachstumsprozesse? Wir denken, dass Pflanzen eine spezielle Art der Wahrnehmung, ein Empfindungsvermögen sowie sogar eine Art Gedächtnis besitzen.

Das Innenleben eines Baumes und seine Kommunikation mit der Mitwelt und den Menschen ist schwer einzuordnen und steht im Grenzbereich der wissenschaftlichen Beweiskraft. Es ist wie bei einem Puzzle. Ein bekannter Teil wird eingefügt, wenn er zu diesem Gesamtbild dazugehört. Ist eine Zugangsweise aber nicht erklärbar und würde bei Aufnahme das Schema des Bildes ändern, wird sie nicht verwendet. Das geht zusätzlich damit einher, dass Forschungsgelder in den meisten Fällen in ökonomisch einträgliche Bereiche investiert werden, in nicht wirtschaftlich ausgerichteten Forschungszweigen aber kaum zur Verfügung stehen.

Pflanzen und Musik

Trotzdem gibt es eine wissenschaftliche Richtung, die sich mit der Wahrnehmungswelt von Pflanzen beschäftigt, etwa in Form von Experimenten mit Musik. Maßstab hierfür ist die Wachstumsfreudigkeit der untersuchten Pflanzen.

Der Einfluss von Musikrichtungen wie Rock, Pop, Klassik, Jazz und anderen erbrachte ganz verschiedene Ergebnisse. Bei klassischer Musik zeigten sich deutliche Wachstumsschübe, bei Hard Rock hingegen entstanden kaum neue Triebe oder Blätter. Einige Pflanzen verloren sogar Blätter. Am wohlsten fühlten sich die Pflanzen bei uralten traditionellen Schwingungsmustern. Ihre Lieblingsklänge und -rhythmen fanden sie in der indischen Raga, einem alten traditionellen Gebetslied, und im Baratnatyam, der ältesten indischen Tanzmusik: Die jungen Triebe wuchsen der Musikquelle entgegen, bis dicht an die Lautsprecher.

Die Forscher fanden auch heraus, dass die Stoffwechselvorgänge, die Verdunstung und die Kohlenstoffassimilation unter dem Einfluss von Musikklängen und rhythmischen Erschütterungen beschleunigt oder verlangsamt werden. Bei den Experimenten wuchsen einige Pflanzen bis zu 70 Prozent schneller gegenüber Vergleichspflanzen (diese wurden nicht beschallt, wuchsen aber sonst unter identischen Bedingungen).

Die Kraft der Gedanken

Eine vor zehn Jahren in Deutschland durchgeführte Forschung untersuchte Tomaten, die mit mentalen Projektionen und Gedanken konfrontiert wurden. In drei verschiedenen Räumen stand jeweils eine Versuchsgruppe Tomaten im – getrennt durch eine Glasscheibe – Blickfeld von Studenten.

Im ersten Raum dachten die Studenten an Liebe und Wachstum und wünschten den Tomatenpflanzen das Beste dieser Welt. Sie stellten sich dabei die Farbe Rot vor. Im zweiten Raum saßen Studenten, die an Tod und Krankheit dachten. Sie wünschten den Tomaten nichts Gutes und visualisierten die Farbe Blau. Die dritte Gruppe von Tomatenpflanzen diente als neutrale Vergleichsgruppe, d.h. wurde gleichermaßen gepflegt wie die anderen Gruppen, aber im Gegensatz zu diesen mit keinen Gedanken konfrontiert.

Das Experiment fand in der Fruchtphase der Tomaten statt, dauerte drei Wochen und erbrachte folgendes Ergebnis: Die Vergleichsgruppe besaß normal große Früchte. Bei der blauen Gruppe entwickelten sich die Früchte dagegen nur relativ schlecht und nur einige wurden überhaupt rot. Bei der roten

Gruppe gab es etwa 22 Prozent mehr Ertrag gegenüber der neutralen Gruppe. Wir interpretieren dieses Ergebnis so, dass die Kraft der positiven Gedanken eigene Schwingungsmuster besitzt, die von den Pflanzen empfangen werden. In diesem Sinne übt der Geist also auf das Stoffliche, das Physische einen bestimmten Einfluss aus.

Elementarwesen in Bäumen

Wir betrachten einen Baum als ein lebendiges Wesen, mit dem wir kommunizieren können. Sie dürfen sich diese Kommunikation nun aber nicht wie ein Gespräch zwischen Menschen vorstellen. Es handelt sich vielmehr um einen nonverbalen Austausch, bei dem das sensible Schwingungsgefüge Ihres Körpers mit dem des Baumes in Berührung kommt. Dies ist ein sehr individueller Prozess, den dementsprechend auch jeder Mensch anders wahrnehmen kann.

Kommunikation findet über so genannte Elementarwesen statt. Diese Wesen wirken in den vier Elementen Erde, Feuer, Wasser, Luft. Wir können sie uns als Intelligenzen der Natur vorstellen, wie sie auch bei Paracelsus und in vielen Märchen und Sagen beschrieben sind.

Die Elementarwesen sind für viele energetische Prozesse und Gefühlsbeziehungen innerhalb der Natur verantwortlich. Durch Interaktion mit den Lebensprozessen der Erde beleben sie beispielsweise über die Vegetation in den Hecken und Rainen die Kulturlandschaft. In der energetischen Ebene der Landschaft – das ist jene, die der materiellen übergeordnet ist und eine höhere Schwingung aufweist – haben die Elementarwesen die Aufgabe, lebensspendende Kraft zu lenken und zu verteilen. Sie sind somit dafür verantwortlich, dass alle Pflanzen genügend Vitalität zur Verfügung haben.

Elfen und Faune, eine Gruppe von Elementarwesen, leben mit den Pflanzen, die fest im Boden verankert sind. Sie stehen auch in Verbindung mit den Bäumen. Das Wesen Pan nimmt die höchste Stellung unter den Erdelementaren ein. Es hält die Information über das Lebendige und seine Lebensprozesse und entspricht sozusagen dem Bewusstsein der gesamten Natur. Der Pan ist ein übergeordnetes Wesen, das in Teilgebieten der Natur Schwerpunkte hat. Für ein Tal oder einen anderen abgeschlossenen Landschaftsraum etwa bildet der Pan jeweils eine Art Zentrum. Dies wird beispielsweise in einem mächtigen Baum manifest. Er repräsentiert die männliche Energie, teilt sich diese Aufgabe jedoch mit gleichrangigen weiblichen Gestalten wie etwa der Deva eines bestimmten Ortes (Luftelement) oder einer Nymphenkönigin (Wasserelement). In dieser Betrachtungsweise wird der Landschaft ein eigenes, vom Menschen unabhängiges Bewusststein zugeschrieben, in der die uns bekannte Art von Raum und Zeit aufgehoben ist.

Wasserwesen wie Nixen und Nymphen sind darin für die vitale Qualität von Gewässern zuständig und geleiten diese in die Landschaft. Feenwesen und Devas dagegen hängen mit dem Luftelement zusammen und sind für die Lebensprozesse zwischen Himmel und Erde zuständig. Sie übertragen die Jahresrhythmen der Natur auf das Pflanzenwachstum und stehen auch mit den Tieren in Verbindung.

Die Elementarwesen des Feuers entsprechen dem Aspekt der Wandlung und sind für Ab- und Umbauprozesse verantwortlich. Damit sind die Verrottungsprozesse im Kompost, das Welken der Blätter und Blüten, das Reifen der Früchte sowie das Sterben von Pflanzen gemeint.

Die feinstoffliche Welt der Eiche

Sehen wir uns nun einmal die Aufgaben der verschiedenen Ebenen von Elementarwesen am Beispiel der Eiche an. Die Elementarwesen, die das Wachstum eines Baumes begleiten, sind die Faune. Im Faun befindet sich der Brennpunkt des Baumes, von dem seine Beziehungen sowohl „nach unten" in Richtung Materie als auch „nach oben" zu den geistigen Ebenen ihren Ausgang finden. Er sorgt unermüdlich für die Entwicklungen des Baumes. Dabei dehnt er seine Aufmerksamkeit in viele Richtungen aus. So kommuniziert er mit den Wassergeistern, die alle Blätter im Frühjahr keimen lassen, mit den Luftwesenheiten, die die Entfaltung der Blüte im Frühsommer unterstützen, und mit den Feuergeistern, die für die Früchte im Herbst zuständig sind.

Die Intelligenz des Baumes, wie der Faun auch genannt wird, steht außerdem noch mit der Umgebung und der Erde in Kontakt und kann so das Wachstum in der besten Weise beeinflussen. Einzelne starke Äste wachsen unter der Leitung des Faunes in eine ganz bestimmte Richtung, um mit den energetischen Mustern dieses Ortes in Resonanz zu treten und sich davon zu „nähren". Diese Äste haben dann eine besondere Bedeutung für die gesamte Vitalität der Eiche. Außerdem kommuniziert der Faun des Baumes mit dem Pan der Landschaft, der als sein Meister und geistiger Führer gilt.

Aber es gibt noch andere Wesen, die ständig mit dem Faun in Kontakt sind. Die Raumfeen kommunizieren mit ihm im Verlauf der gesamten Vegetationsperiode, damit alles zum richtigen Zeitpunkt geschieht. Die Deva des Baumes, die für das Urmuster der Eichen zuständig ist und dieses aufrecht erhält, steht ebenfalls mit dem Faun in Verbindung. Sie gibt dem jungen Keimling die Information über das Aussehen einer Eiche, damit die Gestalt des ausgewachsenen Baumes auch wirklich einer Eiche gleicht. Darüber hinaus existiert auf geistiger Ebene eine Art höheres oder göttliches Selbst, eine Art Engel des Eichenvorbildes. Dieser Engel steht in Verbindung mit den Kräften und Qualitäten aller auf der Erde existierender Eichen.

Wie kommt es nun, dass nur wenige Menschen diese ganz eigene feinstoffliche Welt wahrnehmen? Die Elementarwesen zogen sich durch die lange vorherrschende Dominanz des menschlichen rationalen Bewusstseins mit all seinen Eingriffen in die Natur immer mehr in das Innere der Erde zurück. Die stark rational gestaltete Welt, in der wir heute leben, erschwert uns den Umgang mit derart feinen Schwingungsmustern, wie es die Elementarwesen darstellen. Es ist so wie bei einem Dachsbau. Sie wissen, dass sich darin ein Dachs befindet, bekommen ihn aber nie zu sehen, da Sie immer genau vor dem Eingang stehen und der Dachs Sie wittert. Bei den Elementarwesen ist es ganz ähnlich. Unsensiblen Menschen gegenüber zeigen sie sich nicht.

In früheren Zeiten und anderen Kulturen waren sich die Menschen der Rolle der Elementarwesen noch bewusst, daher wurde bei der Gestaltung von Heiligtümern meist ein Kontaktpunkt zu ihrem Reich geschaffen. Oftmals war es ein Baum, der es den Elementarwesen ermöglichte, eine Verbindung mit der materiellen Ebene zu knüpfen.

Energielinien der Landschaft

An Akupunkturpunkten des menschlichen Körpers können Energieblockaden aufgelöst werden. Die Information läuft dabei auf Meridianlinien, die mit den Drachenlinien des chinesischen Feng Shui gleichgesetzt werden können. Das sind energetisch aktive Linien in der Landschaft, die für den Transport und die Verteilung von Qi verantwortlich sind. Nach dieser Theorie besitzt

*Grüner Mann von Bamberg, Deutschland,
aus den 1230ern*

die Landschaft ein dem Blutkreislauf ähnliches Versorgungssystem, allerdings in einem energetischen Sinne. Bedeutende Bäume sind in diesem Verständnis mit einer Akupunkturnadel vergleichbar, die die Kraft an diesem Ort stärkt und stimuliert. So ist es auch zu erklären, dass das energetische Versorgungssystem der Landschaft gestört und blockiert wird, wenn solche Bäume gefällt werden.

Reisen in die Anderswelt

Nun dürfen wir nicht meinen, dass in früheren Zeiten alle Menschen hellsichtig waren und die heiligen Bäume mit ihren Elementarwesen als solche erkannten. Aber jede Kultur hatte ihre weisen Frauen und Männer, die einen Zugang zur feinstofflichen Welt pflegten.

Als Schamanen bezeichnet man Männer oder Frauen, die eine besondere spirituelle Kraft besitzen. Häufig sind das Künstler, Visionäre, Heiler oder spirituelle Berater in verschiedenen Lebenslagen. Weiter treten sie als Vermittler, Lehrer, Helfer bei Geburt und Tod und als Seelenbegleiter auf. Schamanische Erfahrungen und Praktiken gibt es in fast allen Kulturen. Heute werden sie wieder in Seminaren belebt und weitergegeben.

Motiv des Weltenbaumes auf einer sölkupischen Schamanentrommel

Der Schamanismus lehrt verschiedene Techniken, um durch eigene Absicht in Zustände zu gelangen, in denen es möglich ist, visionäre Botschaften zu erleben. Veränderte Bewusstseinszustände können durch Meditation, Tag- und Nachtträume, durch Trance, schamanische Reisen und in Ekstase erlebt werden.

Auslöser einer Bewusstseinsveränderung bei einer schamanischen Reise sind monotone Trommelrhythmen. In diesem Zustand ist es einem schamanisch Kundigen möglich, die Ursache einer Krankheit „zu sehen" und den Weg zur Gesundung zu beschleunigen. Die Begegnung mit der universellen Kraft wird dabei über eine Brücke zu nichtkörperlichen Seelenwesen und über Verbündete in der nichtalltäglichen Wirklichkeit hergestellt. Sie ermöglicht den Zugang zu Wissen, Kraft und Heilung. Die Berater aus der Anderswelt zeigen sich etwa in Form von bereits verstorbenen Ahnen, geistigen Lehrern oder Naturgeistern von Tieren oder Pflanzen, insbesondere Bäumen.

Die nichtalltägliche Wirklichkeit existiert außerhalb der Raum-Zeitordnung, sie ist unstofflich. Schamanen gehen aber davon aus, dass die darin vollzogenen Handlungen auch Auswirkungen auf unsere alltägliche Wirklichkeit haben. Sie merken sich mit ihrer ausgeprägten visionären Vorstellungskraft viele Informationen aus dieser Anderswelt und geben sie an die Gemeinschaft weiter. Dabei stellen bestimmte Kraftobjekte eine Beziehung zu den Verbündeten her und unterstützen die schamanische Arbeit. Das sind Objekte aus der Natur, etwa Federn, Knochen, Häute, Steine oder Pflanzenteile.

Als Ausgangspunkt für eine schamanische Reise eignet sich schon allein die bloße Vorstellung eines Kraftortes in der Natur, an dem Sie sich besonders mit dem Universum verbunden fühlen: ein Wäldchen, ein Stein, eine Quelle, ein Teich, ein Berggipfel. Ob es sich um einen realen oder imaginären Ort handelt, ist nicht wichtig.

Bäume – Brücken in die nichtalltägliche Wirklichkeit

Eine gute Möglichkeit, sich mit der nichtalltäglichen Wirklichkeit zu verbinden besteht darin, Bäume aufzusuchen und mit ihnen zu meditieren. Ein Baum oder Teile davon können unsere persönlichen Kraftobjekte und Vermittler für eine enge und individuelle Beziehung zur Natur sein. Die Eingangspforte in die Anderswelt könnte beispielsweise ein Baum sein, den wir schon sehr gut kennen.

Ein Baum bietet gleich mehrere Möglichkeiten, diese Reise zu beginnen. Auswählen können Sie den Wurzelbereich als Ausgangspunkt für die untere Welt genauso wie die Krone für eine Reise in die obere Welt. Finden Sie also zunächst Ihren ganz persönlichen Ort, der von Ruhe und Entspannung geprägt ist – vielleicht einen aus Ihren Kindheitstagen, der für Sie zu einem heiligen Ort wurde. Von dort geht die Reise los.

BÄUMEN BEGEGNEN

Das folgende Kapitel begleitet Sie auf dem Weg zur Kommunikation mit den Bäumen. Wir versuchen dabei gemeinsam, einer hinter der Materie verborgenen Welt nachzuspüren. Den Einstieg nehmen wir über unsere fünf Sinne, vor allem über den Sehsinn, unserer Hauptquelle an Eindrücken. Zu allen Zugangsmöglichkeiten finden Sie konkrete Übungsvorschläge. Wichtig ist eines: Wir machen uns möglichst frei vom analytischen Denken und erforschen neue Wahrnehmungsmöglichkeiten wie unsere innere Stimme und Intuition, Formen der gefühlsmäßigen Wahrnehmung oder Träume.

Sie beginnen am besten damit, sich mit Energieübungen einzustimmen, damit Sie frei werden von unnötigem Ballast. Sie lernen, Ihrer Intuition zu vertrauen und Ihre visionäre Vorstellungskraft zu schulen und gelangen so zu einer Begegnung mit dem Baum auf der feinstofflichen Ebene.

Im Folgenden möchten wir Ihnen zeigen, dass wir unter anderem über unsere Sinne in Welten vordringen können, die uns bisher verborgen blieben oder nur teilweise bekannt waren. Bäume ermöglichen uns den Zugang zu einer feinstofflichen

Ebene, auf der wir nicht nur mit anderen Lebewesen kommunizieren, sondern auch uns selbst besser kennen lernen können.

Mit fünf Sinnen wahrnehmen

Alle Übungen werden im Wald oder zumindest in der Natur gemacht. Sie verstärken die Fähigkeit zur vertieften Wahrnehmung und führen in eine Welt, die jenseits unserer fünf Sinne liegt.

Sie weiten Ihren Blick

Mit dieser Übung lernen Sie, mit dem alltäglichen Sehsinn eine größere Wirklichkeit wahrzunehmen.

Wenn Sie einen Spaziergang in der Natur machen, setzen Sie sich gemütlich an einen Platz, der Ihnen gefällt. Nun lassen Sie Ihren Blick schweifen, etwa zu einer Wiese. Blicken Sie dann weiter zu der nächstliegenden Struktur auf eine Strauchgruppe, ohne dabei ins Detail zu gehen. Nun gleitet Ihr Blick vielleicht zu einem Wäldchen im Hintergrund, das Sie vorher gar nicht bemerkt hatten. Wenn Sie dort angelangt sind, schauen Sie weiter, an dem Wäldchen vorbei auf den dahinter liegenden Hügel. Vielleicht entdecken Sie in weiter Ferne einen Kirchturm oder eine Bergkette. Sie werden bemerken, dass sich Ihr Gesichtsfeld weitet. Blicken Sie am Ende der Übung so, dass Sie einen Horizont von 180 Grad überschauen. Ihr Blick kann verschwommen sein, Sie versuchen trotzdem, alles gleichermaßen wahrzunehmen. Die Augen nehmen so Dinge auf, die für die gewohnte Betrachtung zu flüchtig sind.

In jeder äußeren Erscheinung spiegelt sich auch die Innenwelt und die Energie und Qualität des Objektes wider. Somit ist es möglich, über das Betrachten der Dinge eine Menge an Informationen über sie zu bekommen.

Konzentriertes Schauen

Sie lernen, sich auf etwas unvoreingenommen zu konzentrieren, sich darin zu versenken, wie in einer Meditation. *Betrachten Sie einen auserwählten Baum, zuerst die Gesamterscheinung, dann den Wurzelbereich, den Stamm, die Krone. Lassen Sie sich darauf ein, einfach zu schauen, lange und intensiv. Entspannen Sie sich und insbesondere Ihre gesamte Gesichtsmuskulatur. Wählen Sie sodann nur einen kleinen Ausschnitt des Baumes aus. Sie betrachten zum Beispiel ausschließlich einen Punkt auf der Rinde, ein Blatt, eine Blüte oder eine Frucht. Sie können dabei viel Neues über das betrachtete Detail erfahren und somit auch über den ganzen Baum. Beobachten Sie solche Details also mit hoher Konzentration, wobei Ihr innerer Monolog verstummt.*

Die folgenden Übungen mit den Sinnen Hören, Riechen, Schmecken und Tasten werden mit geschlossenen Augen gemacht. Sie schließen so die Hauptquelle Ihrer Wahrnehmung aus – die Konzentration anderer Sinne nimmt automatisch zu.

Hören

Konzentrieren Sie sich auf alle Geräusche Ihrer Umgebung. *Setzen Sie sich gemütlich hin und schließen Sie die Augen. Sie sammeln Ihre ganze Konzentration auf das Hören der Geräusche um Sie herum. So gibt es Geräusche im Vordergrund, die Sie auch vorher schon wahrgenommen haben, vielleicht ein durch Ihre Anwesenheit aufgeregter Vogel oder eine zirpende Grille. Nun versuchen Sie, weitere Geräusche aufzunehmen. Vielleicht* ein kleiner Windhauch, der die Blätter rascheln lässt. Oder ein Tier im Dickicht. Sie werden erleben, dass es viele Geräusche gibt, die Sie vorher nicht bemerkt haben. Sie können auch den Boden oder einen Baum belauschen, wenn Sie Ihr Ohr dicht anlegen. Können Sie den Wald als ganzes Lebewesen flüstern hören? Vergessen Sie dabei nicht das regelmäßige, tiefe Atmen.

Riechen

Verfeinern Sie Ihre Geruchswahrnehmung.

Machen Sie einen tiefen langsamen Atemzug und werden Sie besonders langsam, wenn die Lunge schon fast gefüllt ist. Atmen Sie wieder aus. Versuchen Sie, den Geruch der Umgebung einzuordnen und einzelne Gerüche herauszufiltern. Riechen Sie an verschiedenen Teilen eines Baumes, an der Rinde, den Knospen, den frischen Blättern, den Blättern des Herbstes oder dem Waldboden. Nehmen Sie tiefe Atemzüge und erforschen Sie, welche Empfindungen ausgelöst werden und welche Erinnerungen die Gerüche bei Ihnen ins Bewusstsein rufen.

Schmecken

Wie schmeckt der Baum?

Probieren Sie Produkte von Bäumen, die zum Verzehr geeignet sind, wie etwa Ahornsirup, Vogelbeermarmelade, Holundersaft oder -likör, Walnusslikör, Eichenrindentee, Tannenwipfelsirup, einen frischen Apfel, ein paar Bucheckern (nicht zu viele!) oder Lindenblütentee. Suchen Sie bewusst neue Dimensionen dieses Sinnes und schmecken Sie die Vielfalt, gerade wenn es sich um für Sie neue Produkte handelt.

Tasten und Fühlen

Spüren Sie die Bewegungen des Baumes und ertasten Sie seine Oberfläche.

Suchen Sie einmal bei windigem Wetter einen Baum Ihrer Wahl auf. Für diese Übung eignet sich besonders ein schlanker, hochgewachsener Baum, der vom Wind hin und her bewegt wird. Nehmen Sie Kontakt auf mit dem Baum und gehen Sie ganz nahe an ihn heran. Drehen Sie sich um und lehnen Sie sich so an, dass Sie mit der Wirbelsäule eine durchgängig spürbare Berührung erreichen. Sie schließen die Augen und fühlen sich ganz in die Bewegungen ein, die der Stamm im Wind macht. Wenn Sie die Bewegungen ganz ausgekostet haben, beginnen Sie, sich mit Ihren Händen dem Erspüren zu widmen. Sie drehen sich um und tasten den Baum ab. Fühlen Sie die Unebenheiten, Ausbuchtungen, die Glätte oder auch Rauheit. So wird Ihr Baum zu einem Individuum und mit wieder geöffneten Augen merken Sie, dass Sie ihn nun schon sehr genau kennen, ohne ihn mit den Augen analysiert zu haben.

Verborgene Welten entdecken

Wir haben die Gewissheit, dass Menschen außergewöhnliche Lebewesen in einer außergewöhnlichen Welt sind und die Gewissheit, dass weder der Mensch noch die Welt jemals als selbstverständlich betrachtet werden können.
Don Juan, Übermittler der toltekischen Lehre, einer alten indianischen Weisheitstradition aus Mexiko

Unsere gewohnte Wahrnehmung wird uns im Laufe unseres Heranwachsens anerzogen. Unsere Gesellschaftsordnung besitzt ein gemeinsames Interpretationssystem der Welt. Wir sind zum Beispiel gewohnt, auf eine bestimmte Weise, etwa mittels bestimmter Begriffe, über einen Baum, über dessen Art, Aussehen, die Form der Blätter und Rinde, die Verwendung usw. zu sprechen. Davon müssen wir uns befreien und uns bewusst von den gewohnten Wahrnehmungsmustern, vom analytischen Denken, von Beurteilungen distanzieren. Erst dadurch erlangen wir eine erweiterte Wahrnehmungsfähigkeit.

Das ist der erste Schritt, um die Dinge des Lebens zu enträtseln und die verborgenen Geheimnisse der Zusammenhänge des Universums aufzuspüren. Dies gelingt uns durch nichtalltägliche Bewusstseinszustände wie inneres Sehen, inneres Hören, unsere Intuition, die Wahrnehmung über unser Herz, unsere Emotionen, das Träumen und natürlich Meditation und Trance.

Aura und Wesen

Jeder Baum hat seinen bestimmten Charakter und ist eine Gestalt voll Leben und Bedeutung. Soweit wie jedes entwickeltere Tier einen bestimmt ausgeprägten Typus hat, eine wirkliche persona ist, so möchte dies annähernd wohl von den meisten Bäumen dargetan werden können; ein jeder von ihnen charakterisiert sich durch eine eigentümliche Physiognomie und Stimmung, er hat ein Leben, es schläft in ihm eine Psyche. Dieses innere Leben der Bäume hat man durch die Dryaden und Elfen symbolisiert. Der feierliche Ernst, mit welchem die Bäume dastehen und sich nach oben erheben, das hohe Alter, welches sie erreichen, symbolisiert sie zu Zeugen der Vergangenheit, zu Sagendenkmalen von Jahrhunderten.

Johannes Baptista Friedreich, Schriftsteller, um 1860

Pflanzen sind in der Lage, Gedanken und Gefühle des Menschen wahrzunehmen (siehe auch Seite S. 40 ff.). Energieaustausch und Kommunikation findet aber nur dann statt, wenn sich die Beteiligten öffnen. Menschen, die in enger Beziehung zu Bäumen stehen, sprechen davon, dass diese offen sind und denjenigen Menschen ein Gefühl der Freude vermitteln, die von sich aus Kontakt knüpfen. Dadurch kommen sie dem Bewusstsein des Menschen näher. Wir können die Energie eines Baumes aufnehmen, indem wir uns auf sein Energiefeld einschwingen und dabei Blockaden gelöst werden. Oder wir treten in aktive Kommunikation, öffnen uns für Eingebungen und erfahren durch das Wissen eines Baumes Neues. Hier werden Intuition und visionäres Bewusstsein aktiv und wir nehmen über Bilder, Empfindungen und Träume wahr. Die Energien der Bäume sind nicht nur im Wachzustand rege, sondern können uns auch in der Nacht beim Träumen Botschaften vermitteln.

Wir können nun nicht nur die Aura des Baumes wahrnehmen, sondern auch mit dem Elementarwesen des jeweiligen Baumes, dem Faun, der Deva, dem Pan kommunizieren (siehe S. 44 ff.). Oder wir verbinden uns mit dem höheren Selbst des Baumes und finden so anderes, Neues über sein Wesen heraus. Die oft so beeindruckende und überwältigende Schönheit der Natur wird stark über unsere Emotionen wahrgenommen. Das sind Momente, wo wir den Elementarwesen sehr nahe sind. Ihr Körper ist wie ein Kraftwirbel vorzustellen, also nichtstofflich. Ihr Bewusstsein befindet sich auf der Gefühlsebene. Dies ist der Grund, warum wir uns ihnen mit dem Intellekt, mit den Gedanken nicht nähern können. Die Elementarwesen denken gewissermaßen so, wie wir fühlen.

Bevor Sie sich an einem Ort in der Natur länger aufhalten und mit einem Baum in Kommunikation treten möchten, begrüßen Sie ihn. Begegnen Sie ihm mit Frieden und Offenheit. Aktivieren Sie Ihren Gefühlsbereich über das Herz. Bringen Sie dem Baum eine Geste entgegen, eine Handbewegung, einen offenen Blick, eine kleine Verneigung mit dem Kopf. Wichtig ist, dass der

Beginn einer Kommunikation nicht an Erwartungen geknüpft ist. Er drückt einfach eine innere Aufgeschlossenheit für alles Lebendige und den universellen Geist aus.

Alle Erfahrungen, die Sie machen, erweitern Ihr Bewusstsein und auch das des Universums. Letzteres geschieht, indem Sie Ihre Erfahrungen weitergeben oder indem diese – nach indianischer Anschauung – im großen Geist gespeichert werden und somit in der Welt existieren. Um in Kommunikation mit Pflanzen treten zu können, müssen wir uns also auf eine Stufe mit der Natur stellen, die Entfremdung zu ihr überwinden und etwas von unserer menschlichen Wichtigkeit aufgeben. Folgende Prinzipien sind bei der Begegnung mit der feinstofflichen Welt, mit der Natur und dem Leben im Allgemeinen hilfreich.

Liebe das Leben, seine Lebewesen und die gesamte Natur.
Habe Respekt für die Erde, den Himmel und die Sonne.
Sei voll von Friede und Liebe in Deinem Herzen.
Gehe sorgsam mit Deiner Energie um.
Sei gelassen und demütig.
Sei offen für eine Lehre und suche aus jeder Situation etwas Positives.
Lebe im Jetzt und sei leicht und sorglos.
Sei bereit, alte Denkmuster fallen zu lassen und beurteile nichts.
Gehe ernsthaft und mit genauer Absicht an ein Vorhaben heran.
Erforsche Dein inneres Kind, Deine Visionskraft und Kreativität.
Vertraue Dir und Deinen Eingebungen.
Sei dankbar für die Begegnungen und diskret mit Deinen Erfahrungen.

Freiheit und Lebensfreude

Vorteilhaft ist es, einen ausgewogenen Energiehaushalt zu pflegen und zu erkennen, wo und wie unsere Energie verloren geht.

Einige Lebensaspekte, die unser Energieniveau absenken oder zu Blockaden führen, sind ungesunde Ernährung, übermäßige Arbeit, zu wenig Bewegung, rotierende Gedanken und Zerstreuung unserer Energie sowie Wut, Hass, Sorge, Trauer und Angst. Es ist jedoch in uns Menschen tief verankert, dass wir danach streben, in unserem Leben ein Gefühl der Ausgewogenheit, der Zufriedenheit und Gelassenheit zu erreichen: Dadurch werden wir frei von Dingen, die nicht wichtig sind und nur stören. Wenn wir wieder zu unseren Gefühlen und damit zur Lebensfreude finden, haben wir wieder Zugang zu dem umfassenden Geist. Die Heiterkeit der Seele ist auch ein Weg zur Erkenntnis der Wahrheit. Dadurch können wir am besten der Natur begegnen, uns etwa der Landschaft oder einem Baum öffnen.

Verbindung mit Himmel und Erde

Folgende Übung stellt eine Verbindung mit der Erde und dem Himmel her. Sie binden sich damit ein in die Kräfte des Universums.

Sie stellen sich gut geerdet und entspannt hin. Die Füße stehen hüftbreit auseinander, ohne die Knie durchzustrecken, das Becken ist leicht nach vorne gekippt.

Verbinden Sie sich nun bildlich mit der Erde: Lassen Sie Wurzeln aus Ihren Füßen wachsen und ziehen Sie die Kraft der Erde hinauf bis zu Ihrer Mitte. Sie unterstützen das mit der Bewegung Ihrer Hände, indem Sie wie nach der Energie greifen und sie zur Mitte ziehen und dabei tief einatmen. Verbleiben Sie einen Moment in dieser Position und lassen Sie die Energie durch Ihren Körper strömen.

Strecken Sie sodann die Arme gegen den Himmel, wobei die Handflächen nach innen gerichtet sind. Lassen Sie nun die Kraft des Himmels auf sich einströmen. Unterstützen Sie den Strom wieder mit den Händen und führen sie beim Einatmen zu Ihrer Mitte. Sie lassen die Energie durch Ihren Körper strömen. Nun verbinden Sie beide Kräfte, die Hände ruhen auf Ihrer Mitte. Bleiben Sie einen Moment so und lassen Sie die Energie durch den Körper strömen. Danken Sie sodann und beenden Sie die Übung, indem Sie ein großes Lichtei um sich visualisieren. Es bietet Ihnen Schutz und Durchlässigkeit für feinstoffliche Wahrnehmungen.

Wir können uns auch unseres eigenen Energiekörpers bewusst werden. Neben unserem materiellen Körper umgibt uns noch der emotionale Körper, hier finden sich unsere Gefühle. Außerdem gibt es den mentalen Körper, in dem unsere Gedanken und Erinnerung ablaufen und den spirituellen Körper, der uns mit dem universellen Leben verbindet. Diese Körper umschließen wir mit den Schichten unserer Aura.

Der Energiekörper

Die folgende Übung hilft Ihnen, Ihren eigenen Energiekörper oder den eines Baumes wahrzunehmen.

Schließen Sie die Augen und legen Sie Ihre Handinnenflächen aneinander. Bewegen Sie die Hände nun langsam auseinander und nehmen Sie wahr, wie sich die Empfindung verändert. Wenn Sie die Hände wieder zueinander führen versuchen Sie zu spüren, wann sich der Widerstand zwischen den Händen vergrößert. Spielen Sie mit dem Abstand und erforschen Sie genau die Empfindungen. Sie können diese Übung auch an einem Baum machen und mit dem Abstand Ihrer Hände zum Baumstamm experimentieren. Nehmen Sie die Energie mit der Handfläche, den Fingerspitzen, dem Dritten Auge, über das Herz oder den Solarplexus wahr. Sie können aber auch mit anderen Stellen am Körper Empfindungen haben.

Kommunikation auf der feinstofflichen Ebene

*Es ist absolut möglich,
dass jenseits unserer fünf Sinne
ungeahnte Welten verborgen sind.*
Albert Einstein

Bäume öffnen als hoch entwickelte Vertreter der Pflanzenwelt einen Weg zu Kraft und Heilung. Sie können am Wissen der Bäume aber nur über Ihre eigenen erlebten Erfahrungen und Erlebnisse teilhaben.

Wir wenden uns daher nun Übungen zu, die Sie zu einer Begegnung mit dem Wesen Baum auf feinstofflicher Ebene hinführen. Sie können sich vorher die Beschreibungen zu den einzelnen Bäumen (ab S. 74 ff.) durchlesen und überlegen, welche Qualitäten Ihnen im Moment gut tun würden. Ist es beispielsweise Lebensfreude, Mut, Fülle, oder eher Geborgenheit? Im Anschluss daran suchen Sie sich einen Baum aus, mit dem Sie sich identifizieren.

Um den Intellekt auszuschalten, ist eine intuitive Vorgangsweise jedoch besser geeignet. Sie lassen sich dabei einfach von einem Baum in der Natur ansprechen. Gehen Sie in den Wald und lassen Sie sich leiten. Folgen Sie dem Weg, der Sie anspricht, betrachten Sie das besondere Blatt, das Sie finden. So begegnen Sie dem Baum, der auf Ihrem ganz persönlichen Weg liegt und Ihnen förmlich entgegenkommt. Je freier Sie von Ihren eigenen Stimmungen werden, desto stärker können Sie die wahre Essenz des Baumes erleben und an dessen Weisheit und Lehre teilhaben.

Das allumfassende Wissen erfahren

Viele der folgenden Übungen stellen eine Form von Meditation oder Reise in die nichtalltägliche Wirklichkeit dar. Sie verbinden sich mit Ihrem höheren Selbst und öffnen den Kanal zu einem allumfassenden Wissen. Sie achten auf Ihre Intuition, die sich über das innere Sehen und innere Hören Zugang zu Ihrem Bewusstsein verschafft. Wenn Sie die Übungen machen und genug Vertrauen in Ihre visionäre Vorstellungskraft und in die Bildsprache der anderen Wirklichkeit entwickeln, werden Sie einen Zugang zu Wissen erlangen, das Sie über Ihr normales Wachbewusstsein nicht erreichen können. Sie lernen Dinge kennen, die Sie über Ihren Intellekt nicht erfassen. Es ist eine innere Gewissheit, die Sie erfahren. Oft kommen Eingebungen oder Gedanken wie ein Blitz. Greifen Sie dabei die erste Idee auf und lassen Sie diese Eingebung nicht von Gedanken überlagern.

Sie können zur Unterstützung die Hand auf die Baumrinde legen und einen fühlbaren Kontakt herstellen. Wichtig und richtungsweisend sind Ihre Absicht, Vorstellungskraft und Konzentration. Die Begegnung erfolgt meditativ und kann über eine Reise, einen Traum und über die Sprache unterstützt werden. Notieren Sie Ihre Erlebnisse, denn es sind oft subtile Erscheinungen, die Sie im normalen Bewusstsein schnell verlieren können.

Nähere Begegnung

Sie möchten Ihrem Baum näherkommen, mit ihm in Kommunikation treten.

Begrüßen Sie den auserwählten Baum und fragen Sie ihn, ob Sie sich weiter nähern können. Der Kontakt findet über eine offene freudige Stimmung, über das Gefühl, das Herz statt. Wenn Sie eingeladen sind näher zu kommen, können Sie sich mit dem

Rücken an den Stamm setzen oder sich im Stehen anlehnen. Sie können sich auch mit Handflächen, Gesicht und Körper so weit nähern, wie es sich gut anfühlt, vielleicht dabei den Baum auch berühren.

Sie verbinden sich mit der Energie, dem Wesen des Baumes. Warten Sie einfach ab, was passiert, bleiben Sie im Gefühl der Leere, schicken Sie störende Gedanken weg. Ihr Vorstellungsvermögen ist gefragt, um die Sprache des Gefühls in Bilder und vielleicht auch in Worte zu fassen. Beurteilen Sie nichts und lernen Sie, bedingungslos zu beobachten. Wenn Sie ein Bild oder eine Botschaft erhalten, die Sie nicht verstehen, können Sie danach fragen. Wichtig sind Ihre Empfindungen, Ihren Intellekt lassen Sie ruhen.

Das Kraftfeld eines gesunden Baumes besitzt ein relativ gleichmäßiges Energiemuster. Es unterliegt nicht den starken Schwankungen, wie sie der Mensch aus der Unausgewogenheit der eigenen Person kennt. Wenn wir einem Baum mit unserem unruhigen Energiefeld begegnen, kann er uns durch seinen gleichartigen Rhythmus zu Ruhe und Entspannung verhelfen. Wir nehmen dabei auch wahr, welchen individuellen Rhythmus einzelne Bäume im Vergleich zu anderen haben. Dies ist ein Schlüssel für ihre heilende Wirkung. Haben Sie einmal herausgefunden, welche Qualitäten verschiedene Bäume auf Sie ausstrahlen, können Sie sich wegen eines persönlichen Themas einem bestimmten Baum zuwenden und um Hilfe und Rat fragen, oder sich einfach in sein Energiefeld einschwingen.

Wenn Sie öfters mit einem Baum oder einem anderen Teil der Natur in Kommunikation treten, werden Sie erkennen, dass Ihnen die Phasen der Entspannung, des Freiwerdens von Gedanken und der ruhigen Atmung immer einfacher gelingen. Der

Einstieg in die andere Welt, in eine nichtalltägliche Wirklichkeit, in die Wahrnehmung anderer Bewusstseinsebenen fällt auf diese Weise immer leichter.

Ich habe ein Anliegen
Sprechen Sie Themen, die Sie bewegen, an.
Sie machen es sich bei Ihrem Baum in konzentrierter Aufmerksamkeit im Sitzen oder Stehen bequem und schließen die Augen. Stellen Sie die Frage, die Sie sich vorher überlegt und genau formuliert haben. Die Frage sollte nicht nur mit Ja oder Nein zu beantworten sein. Beginnen Sie in etwa mit: „Was erwartet mich, wenn…" Bleiben Sie ausschließlich bei dieser Frage und fügen Sie nichts weiteres hinzu. Sprechen Sie die Frage ruhig auch laut aus. Warten Sie geduldig und lassen Sie sich Zeit. Auch wenn Sie die Augen wieder öffnen, bleiben Sie noch eine Weile am Ort. Es kann sein, dass Sie in der Umgebung ein Zeichen oder einen Hinweis bekommen.

Wenn Sie mit Bäumen kommunizieren, erhalten Sie Botschaften. Auf gestellte Fragen können Sie folgende Reaktionen erfahren, häufig auch in Kombination.

KÖRPERLICHE REAKTION Sie spüren beispielsweise eine Kraft in Ihren Armen, mit denen Sie die ganze Welt umarmen könnten. Dieses angenehme Gefühl deutet auf eine unterstützende Qualität hin. Oder Sie bemerken einen stechenden Schmerz, also eine hemmende Qualität.

EMOTIONALE REAKTION Auf eine Frage zu einem bestimmten Vorhaben erfahren Sie ein unwahrscheinliches Glücksgefühl, vergleichbar mit dem Gefühl der Zufriedenheit oder des Verliebtseins. Dies ist eindeutig ein positives Zeichen auf Ihr Vorhaben. Fühlen Sie sich dagegen leer und kraftlos, vielleicht sogar ein bisschen deprimiert, dann sollten Sie Ihr Vorhaben noch einmal überdenken.

SPRACHLICHE EINGEBUNG Sie stellen eine offene Frage und es kommen Ihnen Sätze oder einzelne Wörter als Antwort. Sie müssen dabei genau darauf achten, ob es Ihre eigenen Gedanken sind oder Botschaften des Baumes.

BILDHAFTE EINGEBUNG Auf Ihre Frage erscheinen vor Ihren Augen Bilder. Bei der Interpretation der Bilder lassen Sie sich ruhig Zeit. Manche scheinen zunächst mit der gestellten Frage nicht zusammenzuhängen oder sind sehr abstrakt. Wichtig ist in diesem Fall, dass Sie nach Ihrem Gefühl handeln. Einiges werden Sie erst viel später verstehen.

FARBE UND MUSIK Farben und Musik können Ihre visionären Vorstellungen unterstützen. Sie werden es fühlen, wenn die Botschaft positiv und unterstützend ist. Grundsätzlich gelten die Farben Grasgrün und Rot als aktivierende und fördernde Farben. Orange, Gelb und alle Brauntöne sind neutral. Die Farben Weiß, Schwarz und Grau sind hemmende Signale. Es kommt aber sehr auf den inhaltlichen Zusammenhang an, denn ein lichtweißer Horizont kann auch erhebend wirken.

ÄUSSERE ZEICHEN Achten Sie nach solchen Meditationen besonders auf kleine Signale von Wind, Pflanzen, Tieren, einem Blatt. Das können auch Zeichen oder Gesten des Geistes, des großen Ganzen sein. Die Deutung liegt in Ihrer persönlichen Interpretation.

Die Kraft und das Träumen

Die Begegnung mit einem besonderen Baum kann zu Ihrem persönlichen Kraftplatz werden. Das ist ein Platz, an dem für Sie besonders starke und spirituelle Kräfte wirken, ein Ort für Einkehr, für Stille, Meditation oder Reisen in die Anderswelt. Er kann zu einem vertrauten Ausgangspunkt werden, der Sie in die nichtalltägliche Wirklichkeit geleitet.

Wenn Sie auf ein besonderes Stück Rinde, ein buntes Blatt oder einen Baumschwamm, vielleicht auch einen Stein oder sonst ein Stück Natur, das Ihnen in der Nähe des Baumes begegnet, aufmerksam werden, dann fragen Sie, ob Sie es mitnehmen dürfen. Solche Dinge können persönliche Kraftobjekte werden. Über die Anknüpfung eines solchen Kraftobjektes ist es möglich, von zu Hause aus den Ort zu visualisieren und sich mit dessen Energie zu verbinden.

Auch Träume können bei der Begegnung mit den Wesenheiten der Natur wichtige Botschaften übermitteln. Sie bilden eine Brücke zwischen den Welten. Ihr Wert als große Erkenntnisquelle wird nicht nur bei Naturvölkern hoch geschätzt. Auch von wissenschaftlicher Seite wurde nach ihrer Funktion gefragt. Vor allem die analytische Psychologie nach C. G. Jung versuchte die Botschaft der Träume zu erforschen. Träume vermitteln das Wissen jenes Teils des Menschen, der häufig als Seele beschrieben wird. Die Seele wird seit alters mit höherem, göttlichem Wissen in Verbindung gebracht. Träume sind in diesem Verständnis nicht ein inneres Produkt, sondern stellen eine ganz eigene Wahrnehmungsebene dar.

Ich träume etwas

Sie können über Ihre Träume tiefer in das Wissen eines Ortes oder das Wesen eines Baumes eindringen.

Konzentrieren Sie sich vor dem Einschlafen auf den Baum oder den Ort in der Natur, dem Sie in der Nacht begegnen wollen. Wünschen Sie sich immer wieder den Kontakt mit dem Wesen, das Sie treffen wollen, und er wird in irgendeiner Weise zustande kommen. Schreiben Sie alles auf, denn später verblassen die

Erinnerungen, die Ihnen wertvolle Informationen bieten können, oft sehr schnell.

Fragen Sie am Ende einer Begegnung immer, ob Sie etwas für den Ort oder das Wesen der Pflanze tun können. Dadurch ermöglichen Sie einen gegenseitigen Energieaustausch. Bedanken Sie sich für die Begegnung und die Kraft. Sie können auch nach der Tradition vieler Naturvölker ein Geschenk hinterlassen. Bei den Indianern ist es Tabak, es kann aber auch ein Stein sein, ein liebevoll positioniertes Blatt oder etwas Persönliches von Ihnen. Achten Sie darauf, dass sich das Geschenk in den Kreislauf der Natur einfügt. Sie können auch ein Gedicht auf einen kleines Stück Papier schreiben und es übergeben.

Eine kleine Verbeugung oder ein Kopfnicken ist Ausdruck einer tiefen Verbundenheit, auch der Würdigung und des Dankes gegenüber dem Baum und der Natur. Sie können als Abschluss auch in die Hände klatschen. Das ist für alle Wesen eine Geste der Beendigung. Es lenkt noch einmal die Aufmerksamkeit auf Sie und dient der Rückkehr in die Alltagswirklichkeit.

In der Krone der Bäume

Kinder klettern intuitiv in die Bäume, sie entheben sich damit räumlich und gedanklich der Alltagswelt. Bei vielen Völkern klettern die Schamanen in die Bäume, dort erlangen sie Bewusstseinserweiterung und gehen auf Visionssuche. Auch wird berichtet, dass viele Dichter in die Bäume hinaufsteigen, um hier eine unerschöpfliche Inspirationsquelle zu erfahren. In den Bäumen ist es offensichtlich leicht, in einen anderen Bewusstseinszustand zu gelangen. Der Körper tritt in den Hintergrund, der Geist wird frei, Ermüdungen schwinden.

13 Baumporträts

Stiel-Eiche

Rot-Buche

Hänge-Birke

Feld-Ulme

Sal-Weide

Eibe

Die folgenden 13 Baumarten sind mit die wichtigsten und bekanntesten unserer Landschaft und Kulturgeschichte. Letztlich sind sie aber frei ausgewählt, das bedeutet, Sie können auch mit jeder anderen Baumart ähnliche Übungen ausführen und in Kommunikation treten. Grundsätzlich schlagen wir vor, die Bäume vor dem Lesen der Porträts aufzusuchen und mit ihnen zu kommunizieren. Lassen Sie sich leiten und hinführen. Schlagen Sie erst im Anschluss daran die einzelnen Textpassagen nach, sonst liefern Sie Ihrem Intellekt zu früh zu viele Informationen und können so dem Individuum Baum vielleicht nicht mehr unvoreingenommen begegnen. Die Texte über die einzelnen Bäume verstehen sich also immer als Ergänzung, als Zusatzinformation zum eigenen Erleben.

Die Porträts sind folgendermaßen aufgebaut. Im inhaltlich ersten Abschnitt geht es um aktuelle Erkenntnisse aus Biologie, Forstwirtschaft, Freiraum- und Gartengestaltung und Medizin.

Die Beschreibung des Baumes zu Beginn soll Ihnen zunächst das sichere *Erkennen* ermöglichen. Wir gehen hierbei auf die Gesamterscheinung, auf Wuchshöhe und Details von Rinde, Blättern, Blüten und Früchten ein. Auch die Blüh- und Fruchtzeiten werden angeführt. Unter *Standort* lesen Sie, wo der Baum am liebsten wächst, bis in welche Höhe er im Gebirge vorkommt und wie alt er werden kann.

Im Abschnitt *Gestaltung – Verwendung* erfahren Sie, wie die einzelnen Bäume vom Menschen in Gärten, Parks oder in der Landschaft eingesetzt werden. Außerdem führen wir Beispiele zum Gebrauch des Holzes an, über die Eignung für bestimmte Verarbeitungen, aber auch zum Einsatz der Rinde und anderer Teile des Baumes bei der Herstellung verschiedener Produkte.

Über Heilkunde und über die Verwertung von Teilen als Nahrung berichtet der Abschnitt *Heilkraft – Ernährung*.

Der inhaltlich zweite Abschnitt beschreibt die feinstofflichen Eigenschaften des Baumes und unseren Bezug zu ihm über Aussehen, Wesen, Kommunikation und Mythos.

Beim Thema *Wesen – Begegnung* gehen wir auf besondere Eigenheiten ein, die mit dem äußeren Erscheinungsbild zusammenhängen. Wir beschreiben darüber hinaus auch die Ausstrahlung und den Charakter des Baumes. Außerdem erfahren Sie, welche Themen und Fragestellungen sich für diesen Baum anbieten und wie Sie sich persönlich mit ihm auseinandersetzen können. Zuerst wird das äußere, im Anschluss daran das innere Wesen beschrieben. Die äußere Gestalt begegnet uns meist zuerst. Lassen Sie sich aber auch einmal bewusst darauf ein, als ersten Schritt die innere Wahrnehmung zu üben und danach den Baum äußerlich zu betrachten. Einige Wahrnehmungsübungen runden den Zugang zu diesem Thema ab.

Hilfreich sind hierbei auch alle im Kapitel „Bäumen begegnen" (siehe S. 53 ff.) vorgestellten Übungen. Das beschriebene Wesen der Bäume eröffnet Ihnen zunächst einen allgemeinen Zugang zum Wissen. Die Begegnung mit Ihrem Baum kann für Sie aber darüber hinaus ganz individuell sein und völlig eigenständige Erfahrungen ermöglichen.

Unter *Mythologie* erfahren Sie schließlich Besonderheiten aus der Geschichte. Überlieferungen und Brauchtum fördern einiges der persönlichen Qualität zutage, die jede Art und jedes Baumindividuum in sich tragen.

Die Detail-Illustrationen am Anfang eines jeden Porträts entsprechen der Reihenfolge der Beschreibungen im Text. Zuoberst ist also die Art abgebildet, die zuerst beschrieben wird, dann die nachfolgend Beschriebene und so fort. Lediglich bei der Eiche wird die Stiel-Eiche durch das Aufmacherbild porträtiert (S. 112), die Trauben-Eiche durch die Detailabbildung (S. 113).

Ahorn

Acer platanoides   *Spitz-Ahorn*
Acer pseudoplatanus   *Berg-Ahorn*
Acer campestre   *Feld-Ahorn*
Aceraceae   *Ahorngewächse*

Erkennen – Standort

Die beiden 20 bis 30 Meter hohen Arten Spitz- und Berg-Ahorn besitzen große, auffällige bis 20 Zentimeter breite 5-lappige Blätter. „Acer" bedeutet „spitz, scharf" und bezieht sich auf die typische Blattform. Der Ahorn blüht im April/Mai, die Fruchtreife erfolgt im Oktober.

Der Spitz-Ahorn mit seinen großen, spitz auslaufenden, bogig gezähnten Blättern weist sich durch eine längsrissige, dunkelbraune bis schwärzliche Borke aus. Die wunderbare Herbstfärbung verläuft von goldgelb bis tiefrot. Die fünf Blattlappen des Berg-Ahorns laufen ebenfalls spitz aus, sind aber nur stumpf gesägt. Die silbrige bis graubraune Schuppenborke erinnert an die der Platane, daher auch der lateinische Name „pseudoplatanus". Die Herbstfärbung ist weniger auffällig als beim Spitz-Ahorn.

Der Feld-Ahorn besitzt kleinere, bis zehn Zentimeter breite, 3- bis 5-lappige, abgerundete Blätter. Dieser Ahorn erreicht nur 15 Meter Höhe mit einer maximalen Stammdicke von einem Meter und wächst oft mehrstämmig und strauchartig.

Der Spitz-Ahorn ist ein typischer Baum der Buchen- und Laubmischwälder und wächst bis in eine Höhe von 1000 Metern. Der Berg-Ahorn kommt in Schluchtwäldern und Edellaubwäldern vor und bildet einen der wüchsigsten Waldtypen Europas. Er wächst bis auf 1650 Meter Höhe. Mit bis zu 500 Jahren erreicht er einen Stammdurchmesser von um die 3,5 Meter. Der Feld-Ahorn wächst häufig in Gebüschen in der Landschaft, an Waldrändern und Feldrainen. Er kommt aber auch in Misch- und Auenwäldern vor. Er gedeiht bis in eine Höhe von 1000 Metern, ist raschwüchsig und kann bis zu 100 Jahre alt werden.

Gestaltung – Verwendung

Der Spitz-Ahorn wird häufig als prächtiger Solitärbaum in Parkanlagen gestalterisch eingesetzt. Der Feld-Ahorn wird gerne in der Naturgartengestaltung zur Anlage von naturnahen Hecken verwendet, da er gut schnittverträglich ist und dichte Hecken bildet. Die Bauern schneitelten ihn früher: Das ist häufiger Schnitt der jungen Triebe, um Viehfutter zu gewinnen. Der amerikanische Zucker-Ahorn wird bei uns wegen seiner Trockenresistenz und Verträglichkeit gegenüber Luftverschmutzung in der Straßenraumgestaltung eingesetzt.

Das Holz des Spitz-Ahorns und Berg-Ahorns wird gerne für Furniere verwendet und zu Möbeln und Musikinstrumenten verarbeitet. Es werden Saiteninstrumente und Flöten hergestellt, früher fand es Anwendung in der Intarsienkunst. Besondere Maserungen wie „geflammt", „riegelwüchsig" oder „Vogelaugenmaserung" sind besonders gesucht. Die größte wirtschaftliche Bedeutung hat heute der Berg-Ahorn.

Das Holz des Feld-Ahorns wird als Tischler- und Drechslerholz geschätzt, da es sehr hart ist und nur mäßig schwindet. Das Laub dieses Baumes zersetzt sich rasch zu guter Erde und wurde früher sogar als Dünger verkauft.

Heilkraft – Ernährung

Vom Zucker-Ahorn stammt der bekannte Ahornsirup: Pro Baum können im Jahr ungefähr 50 bis 150 Liter Zuckersaft gewonnen werden. Auch der Spitz-Ahorn und der Berg-Ahorn enthalten einen zuckrigen Milchsaft. Sie dienten zu Kriegszeiten sogar als Zuckerlieferanten. Die Ureinwohner Nordamerikas und auch Hildegard von Bingen setzten Berg-Ahorn als kühlendes Mittel bei Fieber, Geschwüren und Schwellungen, bei Insektenstichen und müden Füßen ein. Ahornblättertee hilft auch gegen Mandel- und Lymphknotenentzündung. Die Rinde und das Holz des Feld-Ahorns wurden gegen Schlangenbisse, Augenfließen sowie Brand- und Frostbeulen eingesetzt. Der Ahorn findet sich schon auf einer 4000 Jahre alten Liste über die wichtigsten Heilpflanzen der ägyptischen Priester.

Wesen – Begegnung

Spitz-Ahorn und Berg-Ahorn sind große, stattliche und beeindruckende Bäume. Kalte Nächte und warme Tage begünstigen die wunderbare Verfärbung der Blätter im Herbst besonders.

Der Ahorn liebt den Wind, das Spiel mit dem Licht, den Farben und Formen, er wirkt verspielt und leicht. Im Frühling tummelt sich eine bunte Vielfalt an Insekten, Bienen suchen hier Nektar. Die Flügelfrüchte verleiten Kinder zum Spielen: Sie öffnen den Samen in der Mitte und kleben sich das so entstandene Horn auf die Nase. Zusammen mit Lärche, Birke und Eberesche gehört der Ahorn zu den heiteren Bäumen.

Dieser Baum versinnbildlicht Freiheit und Freude. Eine Begegnung mit ihm kann das Selbstvertrauen stärken. Durch den spielerischen Zugang, den er unterstützt, können wir uns in Träume versenken. Der Glaube an die eigenen Gaben ermöglicht es uns, scheinbar Unmögliches in die Realität umzusetzen. Der Stolz des bereits Erreichten gibt wieder Kraft für neue Ideen. Der Ahorn bestärkt Sie in Ihrer Freiheit das zu tun, was Sie immer schon tun wollten.

Ein weiterer Aspekt ist der Trost in traurigen Stunden. Die Leichtigkeit des Baumes mit seiner fröhlichen Ausstrahlung kann Sie auf neue Aspekte des Lebens leiten, Ablenkung bringen oder einfach aufmuntern. Das Aufgehen im Jetzt und Hier fördert die Lebensfreude.

Ein Baumsame fliegt

Ein Same sucht einen Platz für sein neues Leben, eine Stelle, wo er Wurzeln schlagen und sich entwickeln kann.
Legen Sie sich unter einen Ahorn und machen Sie es sich gemütlich. Sie schließen die Augen und atmen ruhig. Sie denken sich in die Frucht eines Ahornbaumes. Sie wiegen sich sanft zwischen den Blättern des Baumes. Mit einem Windstoß wirbeln Sie plötzlich durch die Luft und gehen auf eine Reise. Sie drehen sich in schneller Bewegung. Sie reisen durch innere Landschaften, Bilder kommen auf. Lassen Sie sich treiben in dieser

eigenen Welt. Irgendwo ist der Punkt, um zu landen. Wo sind Sie, wie sieht es hier aus? Dieser Platz ist der Ort für Ihr neues Leben. Sehen Sie sich die Umgebung genau an. Welche Schönheiten umgeben Sie, welche Stimmungen? Sie machen einen neuen Anfang. Hier können Sie sich entwickeln, mit all Ihren persönlichen Eigenarten.

Mythologie

Es gibt kaum Mythen, die sich um den Ahorn ranken. „Es wird dieser Baum in Ehren gehalten wegen seines lustigen Schattens" schreibt Theodorus Thabernaemontanus 1731 in seinem Kräuterbuch. Trotzdem ist sein Wesen in Erzählungen und Symbole eingegangen.

Der Ahorn spiegelt die Kraft in den Jahreszeiten durch die starke Blüte, die schöne Form der Blätter sowie das Lichtspiel und die einzigartige Verfärbung im Herbst wieder. Das dreiteilige Blatt symbolisiert Einigkeit. Er gilt als altes Rechtssymbol und als Zeichen der Verkündigung von Freiheit und Frieden: Die kanadische Flagge stellt den Zucker-Ahorn dar.

In der Mythologie taucht der Ahorn als Hirtenbaum auf. Die Flöte des arkadischen Herdengottes und Gottes der Natur, des Pan, war aus Ahornholz. Der Berg-Ahorn galt wie Linde und Eiche vielerorts als heiliger Baum. Es gibt Geschichten von blutenden Bäumen aus Truns in der Schweiz und Kärnten in Österreich. Durch das Blut werden die Bäume personifiziert und erhalten eine Seele. Der Berg-Ahorn wird in Mittelgebirgsgegenden auch heute noch als Haus- und Schutzbaum von Höfen gesetzt. An Johanni gepflückte Zweige werden an Türen, Fenster und Stalltüren gesteckt, zum Schutz vor bösen Geistern.

Apfel

Malus domestica *Kultur-Apfel*
Rosaceae *Rosengewächse*

Erkennen – Standort

Die Wildform des Kultur-Apfels, der Holz-Apfel, wächst baum- oder strauchförmig und sieht oft wild und ungezähmt aus. Seine Rinde ist rissig und schuppig, die schwach bedornten Äste hängen weit über. Seine nur 2,5 bis drei Zentimeter große Frucht duftet aromatisch und schmeckt säuerlich.

Der Kultur-Apfel hat eiförmig zugespitzte Laubblätter mit einfach bis doppelt gesägtem Blattrand. Die Blätter sind anfangs behaart, verkahlen aber später. Bei der Vielzahl an Apfelsorten gibt es einige Unterschiede im Aussehen. Die Blüten mit weiß bis rosa oder leicht rötlichen Blütenblättern sitzen in endständigen Trauben. Die Blütezeit erfolgt April/Mai, die Fruchtreife je nach Sorte von August bis Ende Oktober. Die Lagerfähigkeit der Früchte reicht von August bis in den Mai des folgenden Jahres.

Der Kultur-Apfel liebt einen sonnigen, luftigen, aber etwas windgeschützten Standort mit ausreichender Feuchtigkeit und nährstoffreichem Boden. Die Ansprüche sind jedoch durch die Vielfalt der Sorten recht unterschiedlich. Zwar trifft man in der Natur immer wieder auf verwilderte Bäume, doch der typische Apfelbaum ist immer eine Zuchtform des Menschen.

Gestaltung – Verwendung

Heute gibt es rund 1500 verschiedene Apfelsorten. Leider finden wir auf unseren Märkten nur eine geringe Auswahl davon im Angebot. Einige Baumschulen beschäftigen sich aber wieder mit der Kultivierung alter Obstsorten, die die marktüblichen Sorten in der Vielfalt des Geschmacks weit übertreffen und für den Garten sehr zu empfehlen sind.

Der Halbstamm (100 bis 120 Zentimeter) ist die gängigste Stammhöhe für den mittleren Hausgarten. Stark wachsende Unterlagen und Sämlingsunterlagen bilden Hochstammbäume aus, die wir aus der Landschaft, von Alleen und Streuobstwiesen kennen. Spalierformen, die an der Wand gezogen werden, ermöglichen eine außergewöhnliche Gestaltung und durch die Wärmespeicherung am Haus eine gute Fruchtausreifung.

Das weiße bis hellbraune Holz des Apfelbaumes ist hart, dicht und schwer. Es wird gerne als Drechslerholz und in der Bildschnitzerei verwendet. Die Hauptnutzung des Apfelbaumes liegt aber in der Fruchtproduktion.

Heilkraft – Ernährung

In den Behausungen der Jüngeren Steinzeit fand man Kerne des Holz-Apfels, er wurde also schon damals trotz seines herben Geschmacks verzehrt. Seine Kultivierung ging vor rund 5000 Jahren vom asiatischen Raum aus. Die Römer brachten Zuchtformen vor etwa 2000 Jahren über die Alpen zu den Germanen. Der Apfel erfreut sich heute bei uns über den Stellenwert der meist geschätzten Obstart. Die jährliche Weltproduktion beträgt rund 25 Millionen Tonnen.

Äpfel sind nicht nur schmackhaft, sondern enthalten sehr viele wertvolle Bestandteile wie Fruchtzucker, Enzyme, verschiedene Säuren, 20 verschiedene Mineralstoffe und Vitamine. Die Heilwirkung ist vielfältig: sie wirken verdauungsfördernd, appetitanregend, harntreibend, fiebersenkend und beruhigend, senken den Cholesteringehalt im Blut und beugen somit Herzinfarkt vor. Zwei Äpfel am Tag decken den Vitamin-C-Bedarf eines Menschen.

Wesen – Begegnung

Die Kinder spielen unter dem Apfelbaum, wir ruhen uns in der zwischen zwei Obstbäumen aufgespannten Hängematte aus, sie begleiten durch die Jahreszeiten. An den überreichen Blüten im Frühjahr schwirren die Insekten umher, im Sommer reifen die Früchte und im Herbst hängen die saftigen Äpfel an den Bäumen. Die großen Früchte stehen in Bezug zum Nährenden, dem Rot der Sonne, zur Glut der Liebe.

Die fünf Blütenblätter sowie der Fünfstern des Gehäuses können als Sinnbild der Ganzheit des Menschen betrachtet werden. Die Zahl Fünf steht für die vier Urelemente Feuer, Erde, Wasser, Luft, und dem Geist als fünftem Element. Der Apfel ist damit das Symbol der Vollkommenheit der Erde und des Kosmos. Die schöne, runde Frucht ist zudem ein Symbol für Weiblichkeit, für Fruchtbarkeit sowie, durch die „grenzenlose" Kugelform, für Unendlichkeit.

Der Apfelbaum ist Inbegriff der Liebe. Die Liebe ist bedingungslos, sie beinhaltet aber auch die Verantwortung für sich selbst und für die Mitwelt. Liebe ermöglicht die Verbindung zu einer faszinierenden Welt, sie ist Zeichen des Lebens, des Ewigen. Der Apfel unterstützt auch die Suche nach Weiblichkeit und Sinnlichkeit und den Zugang dazu.

Die Frucht des Apfels steht für die Fülle im Leben. Überlegen Sie doch auch einmal, was für Sie Fülle und Reichtum bedeuten, was Sie im Leben erreichen möchten. Der Apfel steht für die Gaben, die die Schöpfung für uns bereit stellt, wir dürfen sie annehmen und genießen.

In der Bachblütentherapie wird er bei Menschen eingesetzt, die sich innerlich und äußerlich reinigen und von Zwängen befreien möchten. Es hilft, alles in das richtige Verhältnis zueinander zu stellen. Wenn sich immer wieder die gleichen Gedanken über etwas Bestimmtes, aber eigentlich Belangloses einstellen, hilft der Apfelbaum zu lösen und zu befreien. Sie lernen Großzügigkeit im Denken und Handeln, was wiederum Ihre Ausstrahlung, Ihr Charisma stärkt.

Mythologie

Durch die lange Begleitung des Menschen kommt dem Apfel eine große mythologische Bedeutung zu. Als Symbol des Lebens, der Liebe und Fruchtbarkeit ist er in allen euro-asiatischen Kulturen bekannt. Die Frucht ist ein Attribut der dreieinigen weiblichen Schöpferkraft. In den verschiedensten Kulturen trugen die Fruchtbarkeitsgöttinnen das Symbol des Lebens in Form des Apfels, sei es Demeter, Aphrodite, Venus, Ischtar oder die nordische Iduna. Auch der Paradiesbaum, der ewiges Leben symbolisiert, findet sich in vielen Mythen. Der Weg zu ihm führte oft über einen verschlüsselten Einweihungsritus der Göttin. Bestand der Geprüfte erfolgreich die vielen Hindernisse und Abenteuer, wurde er mit der kostbaren Gabe des Apfels belohnt. So war etwa Iduna im Besitz von goldenen Äpfeln, die ewige Jugend brachten, wenn sie verspeist wurden.

Auch in vielen überlieferten Märchen finden wir den Apfelbaum. Etwa in dem von Frau Holle, wo das Mädchen auf dem Weg durch die Unterwelt auf einen Apfelbaum trifft und für das Schütteln der reifen Äpfel belohnt wird. Bei den Kelten war Avalon (aval: bretonisch für Apfel) das Apfelland: die Bezeichnung für die Anderswelt, der Ort, den die Helden, Könige und Weisen nach dem Tod aufsuchten. Es ist identisch mit dem Land, von dem die Schamanen berichten, dass die Seele durch dieses Reich wandert. Der runde Apfel symbolisierte den Gang in die Tiefe, in die Anderswelt, in das Reich der Ahnen und Verbündeten, in ein Paradies.

In der Bibel ist der Apfel die verbotene Frucht vom Baum der Erkenntnis, den Eva kostet, was die Vertreibung der Menschen aus dem Paradies zur Folge hatte. Erst in der christlichen Symbolik wurde der Apfel zum Sinnbild von Verführung, Sünde und Verderbnis, ein Hinweis auf patriarchale Denkstrukturen. Interessant ist auch die Bedeutung der lateinischen Bezeichnung des Apfels zu „malus", „böse".

BIRKE

Betula pendula
Betulaceae

Hänge-Birke, Weiß-Birke
Birkengewächse

Erkennen – Standort

Die zehn bis 30 Meter hoch werdenden Hänge-Birken sind leicht an ihrer weißen Rinde mit der schwarzen, im Alter immer tiefer gefurchten, längsrissigen Borke zu erkennen. Der Rand der rautenförmigen Laubblätter mit ausgezogener Spitze ist einfach oder doppelt gesägt. Die männlichen Kätzchen blühen im April/Mai und hängen herab, während die grünen weiblichen Blütenstände aufrecht stehen. Die leichten, geflügelten Nüsse reifen im August/September.

Weitere heimische Arten sind die Strauch-Birke, die Zwerg-Birke und die Moor-Birke. Die letzten beiden Arten sind vor allem in Mooren, die Strauch-Birke auch in Föhren- und Fichtenwäldern verbreitet.

Die Hänge-Birke wächst gerne in lichten Laub-, Nadel- und Mischwäldern, aber auch auf nährstoffarmen Mooren, Magerweiden oder Heiden. Als Pioniergehölz siedelt sie auf Kahlschlägen und offenen Flächen als einer der ersten Bäume. Sie kann ein Alter von bis zu 120 Jahren mit einer Stammdicke von 80 Zentimetern erreichen, wobei nach 50 Jahren das Höhenwachstum abgeschlossen ist. In Mitteleuropa erreicht sie in den Alpen sogar Höhen von 1900 Meter, da sie sich durch ihre Anspruchslosigkeit auch an härtere Bedingungen sehr gut anpasst.

Gestaltung – Verwendung

Wegen ihrer zarten Gestalt und moderaten Größe wird die Birke gerne in Gärten gepflanzt. Leider sieht man dort oft stark beschnittene Exemplare, oft sogar mit gekappter Krone. Wenn trotz Platzmangel ein guter Sichtschutz erwünscht ist, sollte lieber groß wachsenden, schnittverträglichen Sträuchern der Vorzug gegeben werden.

Das weiß bis blass rötlich gelb gefärbte Birkenholz ist sehr hart, zäh und elastisch und schwindet stark. Als Bauholz ist es nur in den wenigsten Fällen einsetzbar, wird aber gerne für Möbel und Furniere verarbeitet. Die Nordländer entwickelten eine vielfältige Tradition in der Verwendung der Birke. In Finnland etwa macht man daraus Holzschuhe, Besteck, Wäscheklammern und Schindeln. In Russland werden aus der Rinde Schuhe, Umhänge und Schmuck gefertigt, in Sibirien auch Taschen und Körbe. Birkenholz ist gutes Brennholz: Es brennt durch seinen Gehalt an ätherischen Ölen und Teersubstanzen sogar in frisch geschlagenem Zustand lebhaft.

Da die Rinde durch das Betulin, das auch die weiße Farbe hervorruft, praktisch wasserdicht ist, fertigten die Indianer aus Birke besonders leichte Kanus, Besteck, wasserdichte Töpfe und Behälter und bedeckten ihre Wigwams mit Birkenrinde.

Heilkraft – Ernährung

Der leicht süßliche Saft der Birke wirkt reinigend und ist als eine erfrischende Frühjahrskur beliebt. Schon bei den Kelten galt er als Schönheitstrank. Heute wird er vor allem bei der Produktion von Haarwasser genutzt. Die Blätter enthalten ätherische Öle und Saponine, die bei Rheuma, Gicht und Arthritis helfen. Wegen ihrer adstringierenden Wirkung wird die Birke bei Hauterkrankungen und zur Wundbehandlung eingesetzt.

Den Birkenruten in der nordischen Sauna wie auch früher in den steinzeitlichen Schwitzhütten wird eine reinigende Wirkung zugeschrieben. Birkenrinde auf glühende Steine gelegt, reinigt Lunge und Haut. In der Birkenrinde sind Nährstoffe, Vitamin C, Zucker und Öl enthalten, daher wurde sie bei den Indianern und in Europa zu Notzeiten gemahlen und dem Brot zugesetzt.

Wesen – Begegnung

Die Birke erscheint anmutig, zart und frisch und strahlt jugendliche Schönheit aus. Sie verbindet sich mit dem Licht und dem Wind, die feinen Blätter rascheln darin sanft. Mit ihrem eleganten Wuchs ist dieser Baum ein Sinnbild für Weiblichkeit. Es umgibt ihn eine Aura des Geheimnisvollen und Tiefgründigen. Liegt es an einer mangelnden Sensibilität der heute größtenteils patriarchal orientierten Welt, dass gerade diese Bäume oft verunstaltet werden?

Die frisch grünen Blätter im Frühjahr vermitteln einen besondern Zauber. Die auffällige weiße Rinde ist zwischen den Furchen glatt und sehr reizvoll. Sie strahlt Reinheit aus und ruft Assoziationen mit einer Lichtsäule hervor. Die Birke war vermutlich ein Charakterbaum in der Urheimat der Indogermanen, da sie auf den indogermanischen Wortstamm „bhereg", das heißt „umhüllender Glanz" zurückgeht – so wie auch englisch „birch", litauisch „berzas", norwegisch „bjerk". Auch die Figuren der „Berchta" oder „Bertha", die „Prächtige", die „Lichtprangende", stehen mit ihr in Verbindung.

Wir setzen die Birke, die ihrem ganzen Wesen nach ein Lichtbaum ist, mit Reinheit, Licht und Neuanfang in Beziehung. Wenn Sie Ihr Gemüt erleuchten, mehr Sicherheit in Ihrer Ausstrahlung gewinnen, Frische und Fröhlichkeit tanken wollen, ist das der richtige Baum. Er hilft auch, das Licht in der Dunkelheit zu sehen, das Wärme gibt, Leben spendet und heilsam wirkt.

Die Birke stärkt den Zugang zur Intuition, sie fördert die weibliche Seite in uns. Die Hinwendung zur emotionalen Seite, der rechten Gehirnhälfte, wird angeregt. Sie wirkt als Gegenpol zu der heute dominierenden männlichen Energie, des Immer-Stark-Seins, der Geschwindigkeit, des linearen Wachstumsdenkens.

Mythologie

Die Birke wurde in der keltischen Kultur als eine in Licht gehüllte Jungfrau voller Zauber- und Heilkraft gesehen. Die Kelten verehrten sie als Symbol der Großen Mutter, der Hauptgöttin unserer Vorfahren. Weibliche Fruchtbarkeit und der Frühling als Beginn eines neuen fruchtbaren Zyklus in der Natur stehen in engem Zusammenhang. Am ursprünglichen Fruchtbarkeitsfest, Beltane (Walpurgisnacht) am 30. April, wurde die Vereinigung von Erde (Urmutter) und Himmel (Urvater) ausgelassen gefeiert. Königs-, Priester- und Liebespaare vollzogen die geheimnisvolle heilige Hochzeit, den „Hieros Gamos", um die

Fruchtbarkeit des Landes zu wecken (siehe Seite 34 f.). Das ist das Fest der Fruchtbarkeit und des Neubeginns, bei dem die Lebenskraft erwacht.

Dieses Fest findet im Brauch des Maibaumaufstellens seine Fortsetzung: Hier wird eine junge Birke bis zum Wipfel aufgeastet, der die eigentliche Kraft des Baumes darstellt. Der Baumstamm steht als männliches Phallussymbol in Vereinigung mit den daran gehängten Kränzen, dem Symbol des Kreises für die weibliche Vulva. In einem uralten Brauch werden Birkenzweige zu einer „Lebensrute" zusammengebunden, mit der Kinder symbolisch andere Menschen schlagen. Dieses „Pfeffern" entstammt ursprünglich dem Fruchtbarkeitsritus: Junge Männer stellen in der Nacht auf den 1. Mai ihrer Braut als Zeichen der Liebe ein Birkenbäumchen mit eingeritztem Namen vor die Tür.

Zur Wintersonnwende wurde früher ein großer Birkenklotz, der „Julbock", angezündet. In durchwachter Nacht ließ man ihn als Wiederbringer des Lichtes schwelen. Gerollte Birkenrinde brannte als Fackeln. Die Asche des Julbockes wurde nach Neujahr für einen reichen Segen über die Felder gestreut.

Mit dem Besen aus Birkenreisig wurde nicht nur aus Gründen der Hygiene, sondern auch als Bestandteil einer reinigenden, kultischen Handlung ausgekehrt. Eine besondere Bedeutung hatte der Besen für den schamanischen Flug der magisch kundigen Frauen.

Verschiedene mongolische Stämme verehren die Birke als Weltenbaum, als Verbindung zwischen Erde und Himmel. In Sibirien baut sich der Schamane seine Trommel aus Birkenholz und erlebt in den Trancereisen eine Wiederverbindung mit dem Weltenbaum. Dabei verleiht der Fliegenpilz, der gerne in der Nähe der Birke wächst, dem Schamanen die Kraft zu Reisen und für Visionen.

BUCHE

Rot-Buche, Gewöhnliche Buche   *Fagus sylvatica*
Buchengewächse   *Fagaceae*

Erkennen – Standort

Die Buche wird bis zu 30 Meter hoch und ist an der typischen glatten, silbergrauen Borke leicht zu erkennen. Frei stehend entwickelt sie sich zu einem breitkronigen, weit verzweigten, prächtigen Baum. Die breit-elliptischen Laubblätter laufen nach oben stumpf zu und enden in einer kleinen Spitze. Das oberseits anfangs fein behaarte Blatt wird später glatt und glänzend. Der nur ganz schwach gezähnte Blattrand unterscheidet sich vom doppelt gesägten Blatt der Hainbuche, mit der die Rot-Buche allerdings nicht verwandt ist.

Die männlichen, hängenden, reich blühenden Blütenstände wirken zottig. Die unauffälligen weiblichen Blüten erscheinen im April/Mai und werden vom Wind bestäubt. Sie stehen inmitten eines filzigen, später verholzenden Fruchtbechers. Darin entwickeln sich jeweils zwei der bekannten dreieckigen Bucheckern. Im September/Oktober reifen die glänzenden, braunen Nüsse.

Die Buche gehört zur Familie der Buchengewächse, wozu auch die Ess-Kastanie und die Eiche zählen. Diese Familie besteht aus über 900 Arten, die vorwiegend in der Nordhemisphäre heimisch sind. Die Buche ist in ganz Europa verbreitet und erreicht in den Alpen Höhenlagen bis 1600 Meter. Der Baum bevorzugt feuchtes Klima mit milden Wintern und wird rar, wo die Niederschläge unter 500 Millimeter pro Jahr sinken. Er ist ein Schattenkeimer und gut schattenverträglich.

Die Rot-Buche stellt seit rund 2800 Jahren den wichtigsten bestandbildenden Laubbaum unserer Breiten dar. Damals setzte die Buchenzeit ein, die bis heute andauert, obwohl dieser Baum vielfach durch forstliche Kultivierung von der Fichte verdrängt wurde. Die Buche wanderte nach der letzten Eiszeit vom Mittelmeerraum wieder zurück nach Mitteleuropa, wo sie auch vorher schon stark verbreitet war. Vor dieser Zeit war die Eiche bei uns dominant. Buchen bilden in den Tieflagen und mittleren Gebirgslagen oft Reinbestände, da ihr dichtes Blätterdach andere Baumarten verdrängt. Ein Beispiel dafür sind Teile des Wienerwaldes in Österreich.

In Buchenwäldern kann sich eine vielfältige Kraut- und Strauchschicht entwickeln. Vor allem die Frühlingskräuter am Boden nutzen das viele Licht, das durch die unbelaubten Kronen dringt. Die Buche fruchtet nur alle fünf bis zehn Jahre reichlich, dann spricht man von einem Mastjahr. Die Früchte werden von verschiedenen Kleinsäugetieren, wie etwa dem Eichhörnchen, und von vielen Vögeln verbreitet.

Buchen können ein Alter von bis zu 300 Jahren mit einem Stammdurchmesser von 1,5 Metern erreichen. Durchschnittlich werden die Bäume jedoch nur rund 150 Jahre alt. Ein einzelner Baum mit einem Kronendurchmesser von 15 Metern besitzt rund 600.000 Blätter.

Gestaltung – Verwendung

Dieser prächtige Baum wird gerne in der Parkgestaltung eingesetzt. Für die Anpflanzung in einem Garten ist er zwar viel zu großwüchsig, Verwendung findet er allerdings als dichte Hecke. Die gute Schnittverträglichkeit lässt sogar einen Formschnitt zu. Die Blätter bleiben lange an den Ästen, so dass eine Buchenhecke bis in den späten Herbst Sichtschutz bietet. Eine besondere Farbvarietät stellt die Blut-Buche dar. Das Blattgrün ist hier durch einen Farbstoff (Anthocyan) überlagert, so dass es zum bekannten Rot-Eindruck des Baumes kommt.

Das Holz der Buche ist hell, weißlich grau bis rötlich getönt mit gut sichtbaren Jahresringen. Dieses sehr harte, zähe und tragfähige Material wurde ursprünglich nur als Brennholz genutzt. Seit Mitte des 19. Jahrhunderts findet es aber vermehrt Verwendung für Sitzmöbel, Parkett, Dachschindeln, Eisenbahnschwellen, Spielzeug und Kleinutensilien. Durch Dämpfen wird die Brauchbarkeit als Möbelholz erhöht. Mit dieser Technik, die die industrielle Verwendung der Buche einleitete, wurden auch die bekannten Bugholzmöbel hergestellt. Das Holz vermittelt durch den leichten Rotton natürliche Wärme und Geborgenheit. Es wird auch zu Furnieren verarbeitet.

Mit dem Einzug des Kunststoffzeitalters wurden einige Produkte aus Buchenholz durch synthetische Materialien ersetzt: beispielsweise die Wäscheklammer, Haushaltströge und Schuhabsätze. Heute werden Eisenbahnschwellen aus Beton und Stahl produziert, der Brennholzbedarf durch Kohle und Öl gedeckt. Trotzdem: Ein neuer Einsatz steht der Buche wieder durch die Möbelindustrie und im Hallen- und Brückenbau offen.

Die Nüsse enthalten rund 43 Prozent Öl, das früher zur Seifenherstellung diente. Und die Kelten stellten aus der Buchenaschenlauge der Nüsse und Bockstalg eine Substanz her, mit der sie auch ihre Haare aufhellten.

Heilkraft – Ernährung

Die Indianer wandten Buchenblättertee kalt gegen Verbrennungen und warm gegen Erfrierungen an. Ein Tee aus der Rinde hingegen wirkt gegen Hautentzündungen. Die Buche wird als hitzeableitend und kühlend beschrieben. Auch Hildegard von Bingen beschreibt sie als Mittel gegen Fieber und gegen Krämpfe und Gelbsucht. Als Wundsalbe und gegen Geschwüre verarbeitet man Buchenasche, Johanniskrautöl und Malventee zu einer wirksamen Paste.

Buchenholzteer ist gegen Gicht, Rheuma und Hautleiden noch heute in Gebrauch. Als Desinfektionsmittel wird es in der Klauenpflege von Schafen und Ziegen eingesetzt. Buchen haben einen lungenreinigenden und atmungsvertiefenden Effekt, daher füllte man das Laub in Kopfpolster, für einen ruhigen, erholsamen Schlaf.

Junge Blätter können Salat oder Suppen beigegeben werden und schmecken leicht säuerlich. Früher wurden zu Allerheiligen (Samhain) unter Beigabe von Bucheckern die „Bücheln" gebacken: Das sind schwarzmehlige Brote, die als „Seelenbrote" für die Verstorbenen vorgesehen waren. Sie dienten ihnen als Nahrung auf dem Weg in das jenseitige Land.

Bucheckern wurden auch zur Schweinemast gesammelt oder das Vieh wurde zur Waldmast direkt in den Wald getrieben. Weit effektiver war jedoch die Eichelmast. In den beiden Weltkriegen wurden die Früchte gepresst, das ergab ein mildes haltbares Öl. Aus einem Kilogramm Bucheckern erhielt man rund einen halben Liter Speiseöl. Die Blausäure-Glykoside dieser Samen, die im Übermaß giftig sind, bleiben im Presskuchen zurück.

Wesen – Begegnung

Steht der Buche genügend Raum zur Verfügung, so dass sie sich voll entwickeln kann und zur Geltung kommt, wirkt sie wie eine Königin: Die Äste verzweigen sich zugleich schlicht und elegant, das dichte Blätterdach wirkt beschützend, die glatte silbrige Rinde lädt zum Anlehnen ein. Dabei vermitteln die jungen, frischgrünen, mit feinen Härchen bedeckten Blätter Sanftheit.

Die Buche wird auch als „Mutter des Waldes" bezeichnet. Dies wegen ihrer bodenverbessernden Eigenschaften und weil sie im Mastjahr eine Unmenge an Früchten bringt. Ein anderer Grund aber liegt in ihrer Ausstrahlung. Sie hat etwas Nährendes und Beschützendes. Die ausladende Krone lädt ein, sich darunter auszuruhen und seine Gedanken schweifen zu lassen. Die Zeit gewinnt in Anwesenheit der Buche etwas Unendliches.

Die Buche steht für die Verbindung mit dem Göttlichen. Sie wirkt erfrischend und erhaben. Die Gedanken werden frei, der Körper losgelöst von der Materie. Alles bekommt einen übergeordneten Stellenwert. Es erschließt sich der Zugang zu einer anderen Wirklichkeit, einer Verbindung mit dem Universum, der Ewigkeit im Jetzt.

Dieser Baum birgt ein Geheimnis in sich, er steht für das Ausnutzen von günstigen Zufällen und Gelegenheiten. Die Intuition ist hierfür eine erhebliche Quelle: Wir erfassen die Wahrheit mit einfachem Blick, ohne den Verstand anzustrengen.

Wenn Sie das Geheimnis Ihrer Wahrnehmung und Intuition in sich erforschen möchten, kann Ihnen die Buche helfen. Sie nutzen Ihre verborgenen Kräfte und nehmen sich Ihnen bietende Gelegenheiten an. Dieser Umgang mit der Intuition bedeutet, Vertrauen in die Führung und Richtigkeit der Vorahnungen zu haben.

Die Buche steht auch für viele starke Ideale. Sie strahlt Klarheit aus, wirkt geordnet und edel zugleich. Sie ist ein Baum zum Anlehnen. Sie unterstützt es, die Gedanken frei zu lassen und einfach nur zu sein, vermittelt das Gefühl von Ewigkeit, Zeit und Raum sind aufgehoben. Alles hat seinen Stellenwert im großen Ganzen, alles ist in Ordnung. Mit der Ruhe und Gelassenheit, die wir in einem Buchenwald spüren, können wir uns mit der Allgegenwart der göttlichen Kraft verbinden.

Ein wesentlicher Aspekt dabei ist die Geborgenheit, die ihre weibliche Seite vermittelt: Der Wille der Schöpferkraft ist auch der Wille meines Seins, meiner Seele. Darin erfahren wir neben Geborgenheit auch Sicherheit auf dem eigenem Weg. Viele Schritte werden einfacher.

In der Bachblütentherapie wird die Buche (Beech) eingesetzt, um Toleranz und Mitgefühl zu stärken, um den Kontakt zum Selbst herzustellen. Dadurch ist es möglich, Freude und Heiterkeit zurückzubringen. Kritische Menschen mit engen subjektiven Maßstäben finden Hilfe.

Mythologie

Zu Zeiten der Germanen war ein Großteil der Wälder neben der Eiche mit Buche bestockt. Früher waren diese Wälder dunkel und dicht. Dieses Bild veränderte sich erst mit dem Ackerbau, der Viehhaltung und einer verstärkten Siedlungstätigkeit, wodurch der Mensch viele Waldflächen reduzierte.

Der Buchenwald wurde von den keltisch-germanischen Stämmen als mütterliches Wesen empfunden. Die Germanen weihten die Buche der Göttin Freya. Der Begriff „Buchstabe" rührt daher, dass die Germanen Buchenstäbchen mit eingeritzten Runen verwendeten, um die Zukunft zu deuten oder den Rat der Götter einzuholen. Sie warfen sie und ließen sie auf ein weißes Tuch fallen. Das geworfene Ergebnis deuteten sie, indem drei Stäbe nacheinander aufgehoben wurden. Das Werfen von Runenstäbchen wurde auch mit Eichen- oder Haselholz vollzogen. Auch das sind fruchttragende Hartholzbäume, denen eine segnende Kraft innewohnt.

Runen bedeuten „Geheimnis". Göttin Iduna ritzte ihrem Gatten die ersten Runenzeichen in die Zunge. Er erhielt dadurch die Gabe der magischen Worte und wurde einer der bedeutendsten Barden. Das Runenalphabet diente kultischen, heilenden, aber auch kriegerischen Zwecken. Die Buche offenbarte tief Verborgenes und Jenseitiges. Sie stellte den Kontakt zur anderen Welt, zum Verborgenen her und war Verkünder des Willens der Schöpferkraft. Früher wurde auf dünnen Buchenholztafeln geschrieben, daher leitet sich „Buch" von Buche ab. Der Brauch, Zeichen oder Schrift in einen Buchenstamm einzuritzen, hat sich bis heute erhalten, oft zum Leidwesen der lebenden Pflanze.

„Fagus", der Gattungsname der Buche stammt vom griechischen „phagein", d.h. „essen". Das unterstreicht den nährenden Status dieses Baumes.

Wolf-Dieter Storl (siehe Literatur S. 160) schreibt, dass die gotischen Kathedralen dem Buchenwald mit seinen gewölbten Kronen, der Stille und dem abgedämpften Licht nachempfunden sind. Aus dieser Verbindung stammt vermutlich auch die Bezeichnung „heilige Hallen" für die Buchenwälder.

EBERESCHE

Eberesche
Rosengewächse

Sorbus aucuparia
Rosaceae

Erkennen – Standort

Die Eberesche ist ein kleinerer, fünf bis 15 Meter hoher Baum. Sie hat eine ovale bis runde Krone, kann aber auch mehrstämmig verzweigt oder sogar strauchförmig wachsen. Die anfangs graubraune und glatte Rinde wird später längsrissig und schwarzgrau. Die Laubblätter sind unpaarig gefiedert, das heißt, am Ende des Blattes steht ein einzelnes Fiederblättchen. Im Herbst zeigt die Eberesche eine beeindruckende Färbung von Gelb bis Tiefrot. Ihre Blüten sitzen ab Mai/Juni in flachen großen Rispen am Ende junger Triebe. Die korallenroten, erbsengroßen Früchte hängen zwischen August und Oktober an üppigen Rispen.

Zu den bekanntesten Vertretern gehören die Rosen sowie Himbeere, Brombeere und Erdbeere. Zur Unterfamilie der Maloidae zählen der Weißdorn, die Mehlbeere und Elsbeere, der Speierling und viele unserer Obstarten: Quitte, Zierquitte, Birne, Apfel, Mispel, Zwetschge, Kirsche, Mandel, Marille und Schlehe.

Sie ist gut kälteverträglich: In den Alpen steigt sie bis in 2000 Meter Höhe und sie gedeiht sogar bis über den Polarkreis hinaus. Da sie sehr emissionsresistent ist, wird sie gerne als Straßenbaum angepflanzt. Die Beeren sind eine bedeutende Nahrungsquelle für Vögel wie etwa Drosseln und Stare sowie für Kleinsäuger.

Die Eberesche kommt in lichten Laub- und Nadelwäldern vor. Gerne wächst sie auf Lichtungen, Kahlschlägen, an Waldrändern und in Gebüschen und bildet in den Mittelgebirgen häufig die Wald- bzw. Baumgrenze. Sie zählt zu den Pioniergehölzen, den Erstbesiedlern, begleitet von Weide, Pappel und Birke. Bei einem Stammdurchmesser von nur rund 30 Zentimetern kann dieser Baum bis zu 100 Jahre alt werden.

Gestaltung – Verwendung

Die Eberesche wird gerne in der Grünraumgestaltung eingesetzt, da sie ein wunderschöner kleiner Baum mit sehr attraktivem Fruchtschmuck ist. Gerade für kleine Gärten eignet sie sich gut. In der Naturgartengestaltung hat sie einen hohen Stellenwert, da sie eine wichtige Bedeutung für die einheimische Tierwelt hat und sich auch neben einer gemischten Naturstrauchhecke gut einfügt.

Das Holz ist hellgelb bis schwach rötlich, mittelhart, elastisch und feinfasrig und außerdem sehr schön gemasert. Es wird gerne für Tischler-, Drechsler- und Schnitzarbeiten verwendet. In den Alpen wurden früher die Ebereschen geschneitelt und an Tiere verfüttert.

Der Name „aucuparia" leitet sich vom lateinischen „aucupium" ab, was Vogelstellerei bedeutet. „Avis" heißt Vogel und

„capere" fangen. Die leuchtenden Früchte dienten als Lockmittel beim Vogelfang. Der Name Vogelbeerbaum ist noch heute sehr gebräuchlich. In der deutschen Bezeichnung Eberesche steckt „Eber" oder „Aber" im Sinne von „unecht" oder „falsch", was sozusagen „unechte Esche" bedeutet: Wegen ihrer Fiederblätter wird sie manchmal mit der Gewöhnlichen Esche verwechselt.

Heilkraft – Ernährung

Die Früchte eignen sich gut zur Verarbeitung zu Marmelade oder Schnaps. Günstig auf die Fruchtsüße wirkt sich die Einwirkung von Frost aus. Die Beeren schmecken herb-säuerlich bis leicht bitter und sind roh wenig zum Verzehr geeignet. „Sorbus" leitet sich aus dem keltischen ab und bedeutet „herb". Es gibt aber auch Sorten, die frei von Bitterstoffen und sehr süß sind sowie einen hohen Vitamin-C-Gehalt aufweisen: vor allem die Süße oder Böhmische Eberesche. Diese ist besonders in rauen Gebirgslagen ein bewährter Obstbaum. Hier fallen viele andere Obstbäume aus, da die Blüte durch Frost gefährdet ist und die Früchte durch frühe Kälte im Jahr meist nicht ausreifen können.

Durch Kochen wird die unverträgliche Parasorbinsäure zerstört und andere Wirkstoffe werden aktiviert: Apfelsäure, Vitamine, Gerbstoffe, Sorbit, Pektin, Karotin. Ungekocht haben die Früchte eine abführende Wirkung, gekocht wirken sie gegenteilig, nämlich stopfend. Sie wurden früher gegen Rheuma, Gicht, Skorbut und Erkältungen angewandt. Die Blätter enthalten Gerbstoffe, die als Tee bei Durchfall und Magenverstimmung helfen. Die Blüten werden ebenfalls als Tee bei Husten, Bronchitis und Lungenentzündung eingesetzt.

Wesen – Begegnung

Dieser Baum wirkt ausgewogen, schön und attraktiv. Die Blätter sind feingliedrig und interessant. Die Blütenstände mit den weißen, großen Rispen sind besonders beeindruckend. Über ihre Blüten und Früchte, die von Insekten und Vögeln genutzt werden, stellt die Eberesche einen intensiven Bezug zur Tierwelt her. Der Fruchtschmuck hinterlässt das ganze Jahr über einen starken Eindruck, vor allem in Begleitung der schönen Herbstfärbung. Sie wirkt kraftvoll in Wuchs, Erscheinung und Farbe. Sie ist ein Baum des Kontaktes und der Kommunikation.

Die Themen der Eberesche sind Lebensfreude und Glück. Bei diesem Baum können Sie Freude und Kontakt finden. Wenn Sie Ihr Interesse für andere Menschen stärken wollen, hilft Ihnen die Begegnung weiter. Sie ist munter, vitalisierend und vermittelt eine fröhliche Leichtigkeit.

Über eine Beziehung zu dem Baum können Sie durch die Wahrnehmung der Früchte und der Schönheit Kontakt zu den Wundern der Natur aufbauen. Sie erfahren vermehrt Erholung und Kraft. Wenn Sie die kleinen schönen Dinge des Lebens sehen und dessen Früchte genießen wollen, dann besuchen Sie eine Eberesche.

Auf die Vögel hören

Begeben Sie sich in eine Meditation unter einer Eberesche und lauschen Sie den Stimmen der Natur.

Setzen Sie sich gemütlich unter den Baum. Es ist Spätsommer oder früher Herbst, das Laub hat sich bereits verfärbt und die Früchte hängen schwer in Rispen, sie vermitteln Kraft und Lebendigkeit. Schließen Sie die Augen und genießen Sie den Aufenthalt in der Natur. Warten Sie ab, was kommt. Lassen Sie

Ihre Phantasie schweifen. Wenn Sie Glück haben, kommen Vögel heran, um die schmackhaften Beeren zu fressen. Lauschen Sie dem Rascheln im Baum, das durch das Herumhüpfen der Vögel entsteht. Hören Sie auf die Laute der Vögel, die Rufe der Amseln oder Drosseln. Lassen Sie sich von der Bewegung, dem lebendigen Zauber in den Bäumen inspirieren.

Mythologie

Die Eberesche galt bei fast allen Völkern als besonders zauberkräftig. Besonders die keltischen Druiden und weisen Frauen schätzten sie. Orakel- und Gerichtsplätze wurden gerne mit Ebereschen gestaltet. Insbesondere an solchen heiligen Stätten sollten sie vor Unheil schützen und Glück bringen. Ihre Kraft half auch gegen lebensfeindliche Dämonen.

Die knallroten Beeren vermitteln das Lebensprinzip und die Erweckung der Lebensgeister. Schon bei den keltischen Priestern galt die Eberesche deshalb als Baum des Lebens. Sie war Symbol des Wiedererwachens nach der langen Winterzeit. Als vollkommen frosthartes und anspruchsloses Gehölz reicht ihre Verbreitung weit in den Norden, in vielen Ländern wird sie dort als Heiliger Baum verehrt.

Die blutrote Farbe der Beeren ist auch ein Symbol für Kraft und Liebe. Sie versinnbildlicht die Feuerglut der auf- und untergehenden Sonne und das Blut, den „Saft des Lebens" und der Fruchtbarkeit. Verehrung erfuhr die Eberesche vermutlich auch aufgrund ihrer unglaublichen Verbreitungsfähigkeit. Die Nährkraft der Beeren war sehr geschätzt, daher wurden die Früchte wie Äpfel und Eicheln als Speisen der Götter bezeichnet.

EIBE

Taxus baccata *Gewöhnliche Eibe*
Taxaceae *Eibengewächse*

Erkennen – Standort

Die Eibe ist ein immergrüner, breit kegelförmiger Baum, der auch mehrstämmig wächst. Die Rinde erscheint grau- bis rotbraun, sie blättert bei älteren Bäumen teilweise in dünnen Längsstreifen oder geschwungenen Flächen ab. Die locker stehenden Nadeln zeichnen sich an der hellen Unterseite durch zwei breite Längsstreifen aus und gehen am Ende in eine schlanke Spitze über.

Zur Blütezeit im Februar bis April erscheinen zahlreiche männliche Blüten an der Unterseite der letztjährigen Zweige. Die weiblichen Blüten dieses zweihäusigen Baumes stehen hingegen unscheinbar einzeln. Die auffälligen roten Samen haben einen harten, grünen bis schwarzen Kern, umgeben von einem fleischigen, schleimigen Samenmantel, dem so genannten Arillus.

Die Eibe war einst zusammen mit der Eiche stark verbreitet, bevor die Buchenzeit begann. Zur Zeit der Kelten und Germanen gab es noch stellenweise geschlossene Eibenwälder. Heute ist dieser Baum dagegen vom Aussterben bedroht und in den Wäldern wegen Forstwirtschaft und Wildverbiss nur mehr selten anzutreffen.

Die Eibe liebt schattige Standorte mit lockeren, humosen und sickerfeuchten Böden. Durch ihren langsamen Wuchs erreicht sie meist nur eine Höhe von etwa 15 Metern. Die Jahresringe sind extrem eng ausgebildet. Die Eibe ist mit einem Alter von bis zu 2000 Jahren die am ältesten werdende Baumart.

Gestaltung – Verwendung

Als ansprechendes immergrünes Gehölz wird die Eibe häufig als Gartenpflanze kultiviert. Schon in der Gartenarchitektur des Barock und Rokoko fand sie große Beachtung. Sie kann als einziges Nadelgehölz in unseren Gärten als standortgerecht betrachtet werden. Andere immergrüne Gehölze wie Fichte und Tanne kommen natürlicherweise nur in höheren Lagen vor und sollten nicht in die Gärten gesetzt werden.

Das Holz ist zäh und hart, aber gleichzeitig elastisch. Diese Eigenschaften prädestinierten die Eibe seit der Steinzeit für die Herstellung von Waffen wie Pfeil und Bogen oder Armbrust. Der älteste bekannte Speer eines Neandertalers aus Südengland war aus Eibe gefertigt. Das aus dem botanischen Namen ableitbare Wort „toxon" bedeutet „Bogen" und weist ebenfalls auf diese Verwendung hin. Die Waffenherstellung führte gerade im Verbreitungsschwerpunkt England und Schottland fast zur vollständigen Ausrottung. Mit Einführung der Feuerwaffen zu Beginn des 17. Jahrhunderts waren die Eibenbestände Europas bereits geplündert. Die schöne Färbung des Holzes, der intensive rotbraune Ton, machte diesen Baum auch für die Möbelherstellung und die Produktion anderer Utensilien interessant.

Heilkraft – Ernährung

Alle Teile der Eibe mit Ausnahme der roten fleischigen Fruchthülle sind stark giftig. Sie enthalten den hochwirksamen Giftstoff Taxin. Die Eibe ist der einzige giftige Baum Europas und der einzige vollständig giftige Nadelbaum überhaupt. Sie wurde daher von den Kelten und Germanen auch zur Herstellung von Giftpfeilen genutzt. Plinius, der griechische Geschichtsschreiber, warnte sogar davor, in ihrem Schatten zu schlafen.

Eine traurige Verwendung fand die Eibe als Abtreibungsmittel. Dabei starben viele Frauen, da die abortative Dosis von 50 bis 100 Eibennadeln fast mit der tödlichen Dosis identisch ist. Heute werden die Wirkstoffe in homöopathischen Dosen gegen Rheuma, Gicht und Leberkrankheiten erfolgreich angewendet. Aus einer nordamerikanischen Eibenart wurde beispielsweise der bei der Krebsbehandlung erfolgreich eingesetzte Stoff Taxol isoliert.

Wesen – Begegnung

Ältere Exemplare zeigen häufig einen knorrigen Wuchs, das Licht unter der Eibe wirkt gedämpft, die Ausstrahlung an den schattigen Standorten manchmal düster. Die Eibe ist ein erdiger Baum – darin liegt auch die Geborgenheit, die man in Mutter Erdens Schoß fühlen kann. Manche Exemplare scheinen zu lebenden Kunstwerken geworden zu sein und wirken wie aus einem anderen Zeitalter. Immergrüne Gehölze werden vielfach mit der Symbolkraft von Tod und Weiterleben verknüpft. Mit dem grünen Kleid im Winter wird das Überleben, das Bezwingen der Kälte und des Todes verbunden. Die Eibe ist daher ein Symbol für ewiges Leben. Sie lässt sich Zeit beim Keimen, Wachsen und Altern.

Die Eibe steht für Tod und Wiedergeburt, für den Aspekt der dunklen Göttin, der Wandlung. Sie scheint ein „etwas anderer Baum" zu sein, so als käme sie nicht aus unserer Welt. In der Baumheilkunde wird sie als ein Baum gesehen, der den Menschen in sein Innerstes führen kann.

Bei ihr können Sie einen innigen Kontakt zur Erde wahrnehmen. Plätze, an denen Eiben wachsen, sind Orte, an denen Sie leicht mit Erdelementarwesen oder Wesen der Wandlung kommunizieren können. Wollen Sie sich von einem Gedanken oder einem Aspekt in sich trennen, sind Sie gut aufgehoben.

An der Schwelle des Abschiedes

Die Eibe trägt den Neubeginn in sich.

Setzen Sie sich unter eine Eibe oder in einen Eibenhain. Fühlen Sie die dunkle, erdige, aber zugleich frische Stimmung. Bitten Sie das Elementarwesen des Baumes, mit Ihnen zu kommunizieren. Haben Sie das Gefühl der Öffnung auf beiden Seiten, bringen Sie Ihr Anliegen vor. Sie können etwas anbieten, eine Sorge, etwas Altes, das Sie loswerden möchten. Die Qualität der Erde eröffnet etwas Aufnehmendes und Transformierendes. Sie können sich auch mit dem Bauch auf die Erde unter den Baum legen. Geben Sie Ihre Gefühle, alles Belastende an die Erde ab und bitten Sie um Transformation und Umwandlung in Neues. Danken Sie und genießen noch die ruhige, vielleicht dunkle, einhüllende Stimmung, in der die Wandlungsgeister aktiv sind.

Mythologie

Die Eibe war in vielen Kulturen ein heiliger Baum und stand immer mit den Göttern des Todes und der Unterwelt, mit Persephone, Proserpina und Hekate in Verbindung. Jedoch liegt im Tod auch die Wandlung und die Auferstehung zum ewigen Leben – dies wurde in den heidnischen Ritualen bestärkt.

Bei den Germanen war die Eibe ebenfalls ein heiliger Baum. Sie widmeten ihr eine eigene Rune, die als stärkste der Schutzrunen galt. Heilige Plätze und Kultplätze der Kelten und Germanen waren mit diesem Baum bepflanzt, sie schützen die Menschen vor Unheil und Krankheit.

Der Eibe wurde auch eine wahrnehmungsverändernde Wirkung zugeschrieben. Vermutlich fand dies in allen heiligen Wäldern bei den Kelten, Römern und Griechen statt, in denen sich die Eingeweihten in das Reich der Geister und Götter träumten. Römische und griechische Sagen berichten, dass die Seelen, die in die andere Welt eintauchen, durch eine mit Eiben gesäumte Allee gehen müssen. Die Eibe war also gewissermaßen die Hüterin an der Schwelle zum Totenreich.

Im keltischen Jahresrad steht sie am letzten Tag des Sonnen-Jahres, an der Wintersonnenwende. Hier gelangen wir an das Ende des Zeitkreislaufes, der sich mit der Wiedergeburt der Sonne abermals zu drehen beginnt. Es wird vermutet, dass der keltische Name der Eibe, „ivo", mit dem alten Wort „ewa" oder „ewig" verwandt ist: die Eibe als heiliger Baum der Ewigkeit.

Die rote Farbe des Holzes und der Früchte unterstreichen die magische Kraft, die mit ihr in Verbindung gebracht wird. Artemis, die Göttin der Jagd und der wilden Tiere, verwendete in Eibensaft getränkte Giftpfeile. Auch der römischen Jagdgöttin Diana war dieser Baum geweiht.

EICHE

Quercus petraea   Trauben-Eiche
Quercus robur   Stiel-Eiche
Fagaceae   Buchengewächse

Erkennen – Standort

Die Trauben-Eiche ist ein breitkronig wachsender Baum mit graubrauner, längsrissiger und gerippter Borke. Die Laubblätter fühlen sich ledrig an und sind mit ihren regelmäßigen, eng gebuchteten und am Ende etwas spitz zulaufenden Lappen gut zu erkennen.

Zur Blütezeit im April/Mai trägt die Trauben-Eiche männliche hängende, bis sechs Zentimeter lange Kätzchen und eine bis fünf Blüten pro weiblichem Blütenstand, die an den Endbereichen junger Triebe zu finden sind. Die Eicheln, zwei bis drei Zentimeter lange Fruchtstände in den typischen dicht geschuppten Fruchtbechern, reifen im September/Oktober. Sie sitzen fast direkt am Ast auf. Das ist ein wichtiges Unterscheidungsmerkmal zur Stiel-Eiche (siehe unten). Die Blätter sitzen auf bis zu 2,5 Zentimeter langen Stielen.

Die Stiel-Eiche mit ihrer längsrissigen, netzig erscheinenden, tief gefurchten und dunkelgrauen Borke wächst ebenfalls breitkronig und entwickelt kräftige Äste. Blüte- und Reifezeiten sind bei beiden Eichen ähnlich.

Die männlichen, nur zwei bis vier Zentimeter langen Kätzchen wachsen in Büscheln. Die lang gestielten Fruchtstände bestehen aus einer bis fünf bis zu 3,5 Zentimeter langen Eicheln, die im unteren Drittel in einem Fruchtbecher sitzen und in der Form sehr variabel sein können. Sie sehen aus wie Eier in Eierbechern. Der Name Stiel-Eiche bezieht sich also auf die gestielten Fruchtstände und nicht auf die Blätter, die nahe am Ast sitzen.

Die beiden Arten treten in Mitteleuropa häufig auf und stellen dort natürlicherweise die flächendeckendsten Laubgehölze dar. Eichen waren zur Zeit ihrer Hauptverbreitung in der Mittleren Wärmezeit vor 7000 bis 4500 Jahren noch in geschlossenen Beständen vertreten, wurden jedoch mit abkühlendem Klima nach und nach von der Buche verdrängt. In Mitteleuropa gibt es außer den zwei beschriebenen Eichen noch die Zerr-Eiche und die Flaum-Eiche, die allerdings eher in südlichen und östlichen Regionen wachsen. Im Mittelmeerraum sind zwei immergrüne Arten mit spitzen Blättern beheimatet, die Stein-Eiche und die Kork-Eiche. Letztere wird zur Korkgewinnung in Kulturen gezogen.

Eichen gehören zur Familie der Buchengewächse, der Fagaceae. „Fagus" bedeutet „essbar": Zu dieser Familie gehören auch die Edelkastanie (Esskastanie) und die Buche, deren Früchte ebenfalls – nach entsprechender Verarbeitung – genießbar sind. Eicheln werden gerne von Vögeln und Kleinsäugetieren verspeist, die auch für die Verbreitung der schweren Samen sorgen. Tiernamen wie Eichhörnchen, Eichen-Gallwespe oder Eichelhäher bringen das zum Ausdruck.

Die Trauben-Eiche gedeiht von der Ebene bis in mittlere Gebirgslagen um die 700 Meter, in den Südalpen sogar bis 1600 Meter Höhe. Die Bandbreite der Standorte ist also groß. Als Charakterart des Eichen-Hainbuchen-Waldes ist sie bestandbildend und kommt gemeinsam mit der Buche vor.

Die Stiel-Eiche hat ähnliche Standortansprüche, ist jedoch weniger wärme- und trockenheitsresistent. Sie wächst ebenfalls vom Tiefland bis ins Gebirge, bis in Höhen von 1000 Metern. Sie ist bestandbildend mit Hainbuche oder Rot-Kiefer.

Beide Arten können ein überaus hohes Alter von 500 bis 800 Jahren erreichen, wobei das Höhenwachstum bei der Stiel-Eiche mit 120 bis 150, bei der Trauben-Eiche sogar erst mit 200 Jahren abgeschlossen ist. Die Trauben-Eiche wird 20 bis 30 Meter hoch, ist also kleiner als die 30 bis 40 Meter hohe Stiel-Eiche, die mit zwei Metern Durchmesser gewaltige Stammausmaße erreicht.

Gestaltung – Verwendung

Die Eiche wurde traditionellerweise nie wie Linde oder Buche als Hausbaum eingesetzt, da sie mit dem Donnergott, das heißt mit Blitzschlag in Verbindung gebracht wurde. Das gerbstoffreiche Laub verrottet langsam und bleibt lange unter dem Baum liegen. Kaum ein anderer Baum wird so häufig von Gallen bildenden Insekten befallen wie die Eiche. Die Form der Gallen an Blättern, Sprossachsen oder Blütenständen lässt auf das Insekt Rückschlüsse ziehen, das hier seine Eier abgelegt hat.

Früher war der Ertrag an Eicheln ein Maß für den Wert eines Eichenwaldes. Die Bauern nutzten die Eichen- und Buchenwälder intensiv für die Schweinemast, bei der die Tiere in den Wald getrieben wurden, um die nahrhaften, kohlenhydratreichen

Früchte zu fressen. Früher sagte man in diesem Sinn auch „Auf den Eichen wachsen die besten Schinken".

Das Holz beider Arten ist gelblich weiß mit dunklem Kern. Es zeichnet sich durch unvergleichlich große Festigkeit und eine gute Elastizität aus. Mit Ende des 18. Jahrhunderts wurde immer mehr Eichenholz für den Eisenbahnbau geschlagen. Besonders der langschäftige Stamm der Trauben-Eiche eignet sich ausgezeichnet als Nutzholz, auch als hochwertiges Furnierholz. Gute Furniereichen brauchen 250 Jahre für die Entwicklung. Außerdem wird das harte und dauerhafte Eichenholz auch gerne im Wasser-, Brücken- und Schiffsbau gebraucht und dient der Herstellung von Treppen, Parkett, Möbeln und Fässern. Vermutlich aufgrund ihres großen Lichtbedarfes blieb die Trauben-Eiche allerdings immer ein Stiefkind der Waldwirtschaft.

Heilkraft – Ernährung

Die Eiche gilt als Baum mit großer Heilwirkung. Allein sie zu umschreiten war früher eine Methode, Heilung zu erfahren. Rinde, Blätter und Früchte wirken entzündungshemmend, keimtötend, stopfend und blutstillend. Man wendet sie gegen Hautunreinheiten, zur Festigung des Zahnfleisches, gegen Angina, bei Frostbeulen, Ekzemen, Hämorrhoiden und für Sitzbäder bei Schleimhauterkrankungen an. In der biologisch-dynamischen Landwirtschaft wird ein Eichenrindenpräparat gegen Pilzkrankheiten, Schimmel und Brand bei Kulturpflanzen eingesetzt.

Schon in der Jungsteinzeit wurde aus Eicheln Brot gebacken und auch bei uns ist die Verarbeitung von Eicheln besonders zu Notzeiten bekannt. Auch die Indianer Nordamerikas schwemmten mit fließendem Wasser die Bitterstoffe und Gerbstoffe aus den zerstoßenen Eicheln und verarbeiteten sie zu nussig-würzig schmeckenden Suppen, Fladen, Broten und Süßspeisen.

Wesen – Begegnung

Die stattliche Größe und individuelle Gestalt der Eiche beeindrucken den Betrachter. Ihre knorrigen Äste wachsen ungezwungen und eigenwillig. Sie strahlt Wildheit aus und vermittelt einen starken Bezug zur ungezähmten Natur. Dieser Baum ist ein Symbol für die immerwährende Kraft und Energie der Natur. Die Eiche ist anpassungsfähig und kann viele Widrigkeiten der Natur überstehen. Mit kräftigen Pfahlwurzeln tief in der Erde verankert, ist sie ein erdverbundener Baum mit gutem Halt und Stand.

Die Energie der Eiche vermittelt starke Ideale, sie fördert innere Kraft und Stärke. Sie strahlt Weisheit und inneren Reichtum aus und steht für Sicherheit, Hoffnung und Widerstandskraft. Über die Erfahrungen im Leben baut der Mensch Standfestigkeit auf. Lernen Sie, Dinge mutig in Angriff zu nehmen und es so gut wie möglich zu machen, aber ohne Anspruch auf Perfektion – denn aus Fehlern können Sie nur lernen.

Ein wichtiger, in der Mythologie mit dem Donnergott in Verbindung gebrachter Aspekt ist die Verbindung zur Intuition. Sie erscheint uns als plötzliche Eingebung, als Geistesblitz. Wenn wir der persönlichen Eingebung folgen, die uns mit dem kollektiven Wissen des Universums verbindet, erhält unser freier Wille eine besondere Bedeutung.

Die Eiche symbolisiert den Weg des Menschen durch die Materie. Sie vermittelt die göttliche Weisheit, dass in jedem Weg, in jeder Aufgabe, und sei sie noch so schwierig, ein positiver Aspekt und eine Lehre fürs Leben stecken. Bei der Begegnung bedeutet dies Folgendes: Sie besitzen einen freien Willen und erschaffen sich Ihre Welt selbst. Manche Aufgaben erscheinen häufiger, bis Sie die Lehre verstanden haben und auf seelischer Ebene gereift sind.

In der Bachblütentherapie findet die Eiche für Menschen Verwendung, die unter einem inneren Leistungsdruck stehen, verzweifelt sind, aber doch weiterkämpfen, ohne ihre Erschöpfung nach außen zu zeigen. Sie stärkt, lässt Sie wieder auftanken und kräftig und ausdauernd Ihren Zielen nachgehen.

Mythologie

Die Eiche ist Symbol für Kraft, Stolz und Ruhm, Langlebigkeit und Willensstärke. Sie gilt durch die ihr zugedachten Eigenschaften grundsätzlich als männlicher Baum.

Viele Völker schrieben die Eiche einem blitztragenden König der Götter zu, wie die Kelten dem Donner- und Himmelsherrscher Tanaris, die Griechen Zeus, die Römer Jupiter und die Iren Dagda. Dieser herrscht mit den Wettern über die Natur und inspiriert die Menschen durch seine Intuition mit dem kosmischen Feuer, dem Geist. Die heiligen Feuer der Indogermanen und die Opferfeuer, die die Göttin Vesta hütete, wurden vorwiegend mit Eichenholz gespeist. Auch heute noch brennt in Ländern mit einer lebendigen keltischen Kultur in den Mittsommerfeuern oft Eichenholz. Plinius überlieferte, dass die Kelten keine Kulthandlung ohne Eichenlaub vollzogen. Zu ihrer Zeit gab es noch geschlossene Eichenwälder. Vom keltischen Namen der Eiche, „duir", leitet sich bezeichnenderweise das Wort für Priester, „Druide", ab. Auch die Türe oder das Tor findet sich in dem Wort wieder.

Die Kelten hielten ihre Ratsversammlungen, auch „Thing" genannt, unter heiligen Eichen ab. Zugang hatten nur initiierte Männer und hellsichtige weise Frauen, durch die die Götter sprechen konnten. Selbst noch im Mittelalter wurden unter Eichen Gericht abgehalten und Gelübde ausgesprochen.

Auch in anderen Kulturen nahmen Eichen eine bedeutende Stellung ein und spielten im kulturellen Alltag eine große Rolle. So etwa in Griechenland: In der antiken Stadt Dodona in Epirus vernahmen drei Frauen in ekstatischem Zustand im Eichenorakel aus dem Rauschen der Blätter die Stimme des Götterkönig Zeus. Oder bei den Germanen: Eines der zahlreichen Eichenheiligtümer der Germanen war die dem Gewitter- und Kriegsgott Donar geweihte, auf einem bewaldeten Hügel stehende Donareiche. Dort wurden heilige Feiern und Gerichtsversammlungen abgehalten. 723 ließ sie Bonifazius, der die Austreibung des heidnischen Glaubens mit Nachdruck verfolgte, fällen. Dies war der Anfang der Zerstörung heidnischer Baumheiligtümer im Auftrag der Kirche.

Als Weltenbaum der Germanen vereinte die Eiche beide Geschlechteraspekte in sich. Der weibliche Aspekt der Eiche war in der Göttin Ana vertreten, einer indogermanischen Urmutter, die mit den Eicheln viele Tiere und auch den Menschen ernährt. Der männliche Aspekt zeigte sich in der Symbolik von Kraft, Stolz und Ruhm im Donnergott. Etliche Legenden erzählen auch von den ersten Menschen, die aus einer Eiche geboren wurden.

Seit dem 18. Jahrhundert ist die Eiche Symbol für deutsche Freiheitsliebe und unbeugsamen Stolz. Heute ist sie deshalb auch auf den deutschen Cent-Münzen zu finden.

Erle

Alnus glutinosa — Schwarz-Erle
Alnus incana — Grau-Erle
Alnus viridis — Grün-Erle
Betulaceae — Birkengewächse

Erkennen – Standort

Die meist einstämmig wachsende und reich verzweigte Schwarz-Erle wird rund zehn bis 25 Meter hoch. Der Stamm ist glatt und grünbraun, im Alter entwickelt sich eine dunkelgraue bis schwarze, zerklüftete Borke. Das Blatt ist am Ende stumpf mit gezähntem Blattrand. Blätter und Triebe sind beim Austrieb klebrig, worauf die lateinische Bezeichnung „glutinosa" hinweist. Die Unterseite weist gelbbraune Achselbärte auf. Die hängenden, bis zu zwölf Zentimeter langen, männlichen Blütenkätzchen blühen vor der Entfaltung des Laubes. Sie werden im Sommer des vorigen Jahres angelegt. Die weiblichen Blüten reifen zu ein bis zwei Zentimeter großen, eiförmig verholzenden Zapfen. Im März/April erscheint die Blüte, die Fruchtreife erfolgt im September/Oktober.

Die ebenso große Grau-Erle ist vom Grund an mehrstämmig, manchmal auch strauchförmig im Wuchs, mit dichter Krone. Die im Vergleich mit der Schwarz-Erle deutlich zugespitzten und grob doppelt gesägten Blätter besitzen eine anfangs dicht graufilzig behaarte Blattunterseite, die später verkahlt. „Incanus" bedeutet „aschgrau" und bezieht sich auf Blattunterseite und Rinde.

Die Grün-Erle ist ein reich verzweigter, vielstämmiger Strauch und wird nur einen bis drei Meter hoch. Ihre Rinde ist graubraun, später schwärzlich. Blütezeit ist April/Mai, die Früchte erscheinen erst im Oktober/November.

Die Schwarz-Erle ist in den Tieflagen und bis um 1200 Meter Höhe verbreitet. Die Samen, kleine Nüsschen, werden neben dem Wind auch durch Wasser verbreitet: Das ermöglichen Luftpolster, die sie gut schwimmfähig machen. Sie ist ein typisches Saumgehölz an Bächen und Flüssen und eine Charakterart der Weichholzau. In Flachmooren und auf Nasswiesen kommt sie als Pioniergehölz vor. Die Schwarz-Erle wird bis zu 120 Jahre alt, bei einer Stammdicke von 50 bis 80 Zentimetern. Die Grau-Erle gedeiht in der montanen Region, in den Alpen bis auf 1600 Meter Höhe. Sie wächst gewässerbegleitend an Flüssen, Auen und feuchten Hängen. Mit etwa 50 Jahren wird dieser Baum nicht sehr alt. Die Grün-Erle ist im Mittelgebirge und Hochgebirge zu Hause, in den Alpen zwischen 1300 und subalpin bis 2400 Meter Höhe. Sie gedeiht an steinigen Steilhängen, Waldrändern und Bachufern.

Gestaltung – Verwendung

Die Erlen nehmen in der Gartengestaltung nur eine geringe Bedeutung ein. Sie werden allerdings gerne bei naturnahen Bepflanzungen feuchter Lebensräume in der Landschaft eingesetzt. Eine besondere Funktion kommt ihnen in der Ingenieurbiologie bei der Befestigung von Lawinenhängen, Flussufern und Straßenböschungen zu.

Das Holz der Erle ist blass rötlich bis orange, relativ weich und schwindet nur mäßig. Eine besondere Eigenschaft ist die Haltbarkeit im Wasser von über 100 Jahren. Dabei erreicht es die Widerstandskraft von Eichenholz. Aus diesem Grund wurde es früher für Wasserleitungen, Brunnentröge, Quelleinfassungen und im Bau unter Wasser eingesetzt: Venedig soll halb auf Erlenpfosten und halb auf Eichenpfosten stehen. Heute wird Erlenholz relativ wenig genutzt: Ausnahme ist die Verarbeitung zu Holzmöbeln, wo der warme rötliche Ton geschätzt wird.

Heilkraft – Ernährung

Die Erle wirkt zusammenziehend, kühlend und fiebersenkend. Ihre Heilwirkung kommt durch den hohen Gehalt an Gerbstoffen zustande. Bei schwachem Zahnfleisch und Entzündungen im Mund ist ein starker Absud mit Erlenblättern ratsam. Die Rinde der jüngeren Zweige kann man bei Angina zu einem Gurgelmittel verarbeiten. Ein frischer Brei aus Blättern wurde früher als Auflage beim Abstillen verwendet.

Wesen – Begegnung

Die Schwarz-Erle besitzt einen schönen, starken, durchgehenden Hauptstamm. Ihre Blätter sind abgestumpft geformt. Ein wichtiges Element in ihrer Erscheinung sind die männlichen

Kätzchen, die schon im Sommer vor dem Blühen in Erscheinung treten und nackt überwintern. Die kleinen weiblichen, stehenden Kätzchen wandeln sich in die typischen verholzten Zapfen um.

Erlen stehen meist in der Nähe von Wasser. Hier können wir den Elementarwesen des Wassers begegnen, die oft in engem Kontakt mit den dort wachsenden Bäumen und Sträuchern leben. Die Wasserwesen sind für die Ausbreitung der weiblichen Qualität des Wassers zuständig.

Der Erle begegnen Sie, wenn Sie einen Zugang zu der anderen, immateriellen Welt suchen. Auch wenn Sie ein Thema zur Weiblichkeit reflektieren wollen oder darin Rat suchen, ist dieser Baum der Richtige. Sie finden bei ihm Zuflucht und Geborgenheit. Er steht auch für Erneuerung und Veränderung. Sie können Ihre alten Lebensängste loswerden und neue Lebenskraft schöpfen. Die Erle begleitet Sie bei Veränderungen und leitet Sie zur Energie des Wassers, der Kraft des Lebens.

Unter der Erle kann man leichter als unter sonst einem Baum in die Welt der Elementarwesen eintreten: in das Luftelement der Feen und Devas oder das Wasserelement der Nixen und Nymphen. Sie können auch den Wassermännern begegnen. Vielleicht begegnen Sie sogar der Erlenkönigin, die der Überlieferung nach in diesem Baum lebt.

Mythologie

Die Erle war und ist vielen Menschen unheimlich, da sie feuchte Landschaften und Moore besiedelt, die typischerweise unbewohnt sind und früher wegen ihrer nichtmateriellen Wesen respektiert wurden. Die Erle besiedelt den Zwischenbereich vom

Wasser zum Land, wo die Wasser- und Moorgeister, die Elfen und der Erlkönig wohnen. Der Erlkönig lebt nicht in der Erle, sondern leitet sich von dem nordischen „elverkonge", dem Elfenkönig, ab.

In der Erle lebt allerdings die Erlenfrau, die Erlenkönigin, die Arle, Irle oder Else. Sie ist die Tochter des Erlkönigs und tanzt bei Nebel mit den Elfen. In der Wolfdietrichsage wird sie erwähnt. Sie zeigt die Merkmale eines Baumes: eine schuppige Haut, Haare wie Flechten. In dieser Sage versucht sie, einen Wandersmann als Gemahl zu gewinnen. Dieser lehnt ab, worauf sie einen Zauber auferlegt. Der Wanderer irrt ein halbes Jahr in der Wildnis umher, bis die Erlenkönigin den Zauber auflöst. Als er nun einwilligt, führt sie ihn in ihr Land, in das Land der Zauberin. Das Volk begrüßt seine Königin, die nach einem Bad im Jungbrunnen als „schönste aller Frauen" entsteigt.

Die Erlenfrau kann auch eine Göttin des Todes sein. Die andere Seite dieses Aspektes ist die Göttin der Fruchtbarkeit, der Freude und des Lebens nach dem Tode. Hier repräsentiert sie die Kraft des Wassers, die Kraft des Lebens.

Die Dreieinigkeit der großen Göttin erscheint in der hellen Birke als strahlende Jugend, im blühenden Weißdorn als Braut des Sonnengottes und in der Erle als Totengöttin. Erst durch die Christianisierung wurde die Erlengöttin aber zur gemeinen Hexe erklärt und die weibliche Dreieinigkeit der Göttin zur Dreieinigkeit des männlichen Gottes in Form von Vater, Sohn und heiligem Geist gewandelt.

Der morastige Erlenbruch ist ein magischer Kessel, der Schoß der Göttin, in dem das Leben vergeht und sich wieder erneuert. Die Erle wird als Symbol für Veränderung, Entsagung und Erneuerung angesehen.

Esche

Fraxinus excelsior *Gewöhnliche Esche*
Oleaceae *Ölbaumgewächse*

Erkennen – Standort

Die Esche ist ein 25 bis 40 Meter hoher Baum mit ovaler bis kugelförmiger Krone und gehört damit zu den höchsten Bäumen Europas. Sie besitzt eine graue, längsrissige und breit gerippte Borke. An den jungen Zweigen befinden sich Korkwarzen. Gut zu erkennen sind die bis sechs Millimeter großen, dunklen, samtenen Winterknospen. Die unpaarig gefiederten Laubblätter bestehen aus seitlichen Fiederblättern und einem Endblatt.

Die Früchte, die nur in jedem zweiten Jahr gebildet werden, sind schmal, geflügelt und bis 3,5 Zentimeter lang. Diese Drehschraubenflieger reifen im September/Oktober und werden durch den Wind verbreitet. Ein gutes Erkennungsmerkmal der Esche sind die über den Winter hängenden Früchte, die oft noch im Folgejahr zu sehen sind.

Die Esche gehört zur Familie der Ölbaumgewächse und ist verwandt mit dem Liguster und den bei uns nicht heimischen, beliebten Ziergehölzen Forsythie, Flieder und Winterjasmin. Sie erreicht in den Alpen eine Höhe von 1400 Meter. Es gibt männliche und weibliche, das heißt zweihäusige Bäume, aber auch einhäusige: Beide Geschlechter der Blüten sind hier auf einem Baum vorhanden. Auch die Blüte kann beidgeschlechtig, also zwittrig, sein.

Die Esche liebt feuchtere Lagen, ist in Auen- und Schluchtwäldern aber auch in Laubmischwäldern vertreten, bildet aber selten reine Bestände. Der Flachwurzler wird rund 200 Jahre alt und erreicht dabei einen Stammdurchmesser von lediglich 60 bis 80 Zentimetern. Nach 100 Jahren erreicht die Esche ihre maximale Höhe.

Gestaltung – Verwendung

Der großwüchsige Baum ist für die Gartengestaltung wenig geeignet. Gut einsetzbar ist er dagegen für großzügige, naturnahe Gestaltungen in Parks mit ausreichend Platz. Besonders zur Geltung kommt die Esche in der Nähe von Gewässern.

Da der Stamm bis zu einer Höhe von 15 Metern astfrei wächst, liefert die Esche wertvolles Holz. Dieses wird wegen der schönen Maserung gerne zu Furnierholz verarbeitet. Wegen seiner hohen Elastizität eignet sich Eschenholz besonders für die Herstellung von Sportgeräten.

Die Kelten verwendeten es zur Herstellung von Axt- und Spatenstielen, aber auch für den Bootsbau. In der Antike lieferte es den Rohstoff für Handwaffen wie Armbrüste, Lanzen, Speere und Bögen. Durch seine federnden Eigenschaften eignet es sich als Bauholz für höchste Belastungen und wurde früher auch gerne für den Wagen-, Fahrzeug- und Flugzeugbau eingesetzt.

Heilkraft – Ernährung

Schon die Griechen beschrieben die Esche als harntreibendes, abführendes Heilmittel und setzten es, wie es auch heute noch praktiziert wird, bei Rheuma und Gicht ein. Ein nur aus Eschenblättern angesetzter Tee gilt als fiebersenkend und blutreinigend.

Der abgekochte Sud von Blättern und Rinde galt bei den Germanen als geeignetes Mittel bei Schlangenbissen. Zu Johanni und an Pfingsten verfütterten die Bauern das frische Eschenlaub an ihre Haustiere, besondere an Ziegen: Es sollte die Tiere vor Krankheiten schützen. Hier haben sich einige Elemente der Sage um die Weltenesche Yggdrasil erhalten.

Wesen – Begegnung

„Excelsior" bedeutet „höher, herausragend", und beschreibt treffend den Wuchs der Esche. Durch die ausladende Erscheinung und die starken, großen Fiederblätter hat die Esche etwas Majestätisches, Erhebendes an sich. Die Knospen, die Äste, die Blätter – alles wirkt kräftig und groß. Die Früchte, die das ganze Jahr über am Baum hängen bleiben, vermitteln überdies reiche Ernte und Fruchtbarkeit.

Die Esche vermittelt Reichtum, Fülle und Stolz, sie besitzt eine starke Natur. Bei der Suche nach Identität, nach der eigenen Stärke, dem unbeirrbaren Selbstwertgefühl kann sie helfen. Verbinden Sie sich mit der Fülle des Universums, dem reichen Schatz an Gefühlen, Handlungsmöglichkeiten, Ideen. Sie haben alles in der Hand, um verantwortungsvoll zu handeln. Legen Sie überkommene Muster ab, die Sie daran hindern, Mittelpunkt des eigenen Lebens zu sein, Ihre Ziele zu formulieren und vor allem auch umzusetzen. Lernen Sie Ausdauer und Zähigkeit in Ihren Vorhaben.

Die Esche vermittelt eine transformierende Kraft zum Selbstbewusstsein und zur Eigenverantwortlichkeit und steht für Freiheit, Unabhängigkeit und Identität. Im Gegensatz zur Erle wird sie als männlicher Baum angesehen.

Es wächst ein Baum

Stellen Sie sich vor, wie Sie aus einem Samen zu einem kräftigen Baum heranwachsen. Diese Übung hilft, zu Ihrem Inneren zu finden, zu Ihren Stärken, dazu, wie Sie gerne sein möchten.

Legen Sie sich bequem hin. Alle Körperteile sind entspannt, die Atmung tief und ruhig. Sie werden innerlich still. Denken Sie sich nun in einen Baumsamen hinein. Sie liegen in der Erde unter dem Laub, es ist dunkel und ruhig. Doch immer mehr erwärmt die Sonne die Umgebung und alles beginnt zu leben. Auch Sie spüren einen unbändigen Drang auszubrechen: Das Wachstum beginnt, Sie sprengen mit aller Kraft die Samenschale. Sie verankern Ihre Wurzeln im Boden, dehnen sich aus, wachsen und entwickeln sich. Alles, was Sie dazu brauchen, ist vorhanden: Erde, Wasser, Sonne und viel Platz. Sie wachsen der Sonne entgegen und werden zu einem kräftigen Baum. Wie fühlen Sie sich nun? Welcher Baum ist aus Ihnen entstanden? Wie sieht er aus, was hat er für ein Wesen?

Mythologie

Das indogermanische Wort für Esche ist „osk", was „Speer" bedeutet. Im antiken Griechenland war die Esche dem Kriegsgott

Ares gewidmet. Sie war Symbol männlicher Stärke, Symbol des Kriegers, der die Gemeinschaft verteidigte. Der Eschenspeer wurde auch als Sonnenstrahl angesehen, der das Wasser und die Erde befruchtet. Speertragende Sonnengötter waren die Gegenspieler der dunklen Mächte.

Die Griechen weihten die Esche der Sonne und dem Meeresgott Poseidon. Die Esche als Sonnenbaum hatte somit auch Macht über das Wasser. Interessanterweise verwendeten auch die keltischen Druiden bei ihrem Regenzauber einen Holzstab aus Esche. Übersee-Reisende nahmen einen Splitter Eschenholz mit, um sich vor Schiffbruch und Ertrinken zu schützen. Fischer setzten das Holz im Bootsbau ein und fertigten daraus Ruder, wodurch sie sich vor den Fluten sicher wähnten.

Das Pferd, das von indogermanischen Stämmen gezähmt wurde, war dem Sonnengott geweiht. Die Esche galt hier als Pferd in Pflanzengestalt. Der Name des Pferdes, „ashva", erinnert auch an die Esche. Bei den Nordvölkern wurde die Esche mit Odin, dem Speergott und Reiter des Zauberschimmels verbunden. Reiten umschreibt die schamanische Reise ins Jenseits. Der Besenstiel für den schamanischen Flug der weisen Frauen musste deshalb ebenso aus Esche sein.

Die Esche verdeutlicht im keltischen Baumalphabet nach Birke und Eberesche den dritten Buchstaben, „Nion". Dieser Buchstabe symbolisierte die Vereinigung von Licht und Wasser bei der Wiedergeburt. Nach der Mythologie wird aus der Esche der Mann geboren, aus der Erle die Frau. Auch die nordamerikanischen Indianer erzählen, dass Gott einen Pfeil in die Esche schoss, aus der sodann der erste Mensch geboren wurde.

Eine wesentliche Bedeutung nimmt die Esche in der nordischen Mythologie ein. Die Weltenesche Yggdrasil ist das Symbol für den allumfassenden Weltenbaum (siehe dazu auch S. 27 ff.).

LINDE

Tilia cordata Winter-Linde
Tilia platyphyllos Sommer-Linde
Tiliaceae Lindengewächse

Erkennen – Standort

Winter- und Sommer-Linde sind kräftige, große Bäume mit feiner Astverzweigung und einer dichten, breiten Krone. Die Borke ist schwärzlich grau, bei der Sommer-Linde auch schwarzbraun gefärbt und zeigt längs verlaufende, dicht gerippte Furchen.

Der botanische Name der Winter-Linde, „cordata", bedeutet „herzförmig" und bezieht sich auf die Blattform; „platyphyllos" (bei Sommer-Linde) bedeutet „breitblättrig". Die Blätter der Winter-Linde sind kleiner als die der Sommer-Linde, deren Blätter schief herzförmig und deutlicher zugespitzt sind. Bei der Winter-Linde sind lediglich die Blatt-Adern behaart, entlang der Mittelrippe befinden sich rotbraune Achselbärtchen. Die Sommer-Linde ist aber auf der gesamten Unterseite flaumig behaart und mit zahlreichen weißen Achselbärtchen versehen. Beide Arten blühen im Juni/Juli, wobei sich die Bäume in ein wahres

Duftmeer verwandeln. Die Frucht ist eine kugelige Nuss mit zungenartigen Flügeln, die im September reift.

Die Winter-Linde kommt in sommerwarmen Eichen-Hainbuchen-Wäldern vor, die Sommer-Linde vor allem in Buchen-Linden-Wäldern der Berge. Vor dem Siegeszug der Buche kamen die Linden auch viel höher im Norden vor. Die Flügelfrüchte fliegen in einer Drehbewegung verzögert zu Boden. Dadurch verbreitet der Wind die Samen über größere Entfernungen.

Die Linde gehört zu den wenigen heimischen Laubgehölzen, die erst nach vollständiger Belaubung blühen. Gallbildungen durch Insekten sind häufig. Die Winter-Linde wächst von der Ebene bis hinauf in Gebirgslagen, in den Alpen bis auf 1500 Meter Höhe. Sie kann ein sehr hohes Alter von über 1000 Jahren bei einem Stammdurchmesser von bis zu zwei Metern erreichen. Sie wird etwa 25 bis 30 Meter hoch. Die Sommer-Linde kann bis zu 40 Meter groß und auch älter werden. Sie erreicht in den Alpen höhere Lagen als die Winter-Linde.

Gestaltung – Verwendung

Die Linde war früher der klassische Mittelpunkt in Dörfern und Städten. Auch heute noch ist sie ein beliebter Baum in großen Gärten, Parks und im ländlichen Raum. Beide Arten eignen sich wegen ihrer Empfindlichkeit gegenüber Luftverschmutzung allerdings wenig für Pflanzungen im Straßenbereich.

Das Holz der Winter-Linde ist dichter, fester und biegsamer als das ihrer Schwesterart, das aber weicher und zäher ist. „Lind" bedeutet im Mittelhochdeutschen „weich" und „geschmeidig". Linde lässt sich auch vom lateinischen „lentus", „biegsam", herleiten. Lindenholz wird gerne für Tischler- und Drechslerarbeiten und in der Bildhauerei verwendet. Viele mittelalterlichen Plastiken sind aus diesem Material gefertigt. Es wurde als „Lignum sanctum", als „heiliges Holz" bezeichnet.

Heilkraft – Ernährung

Den Duft der Blüten schätzen wir im Lindenblütentee: Er enthält ätherische Öle, Zucker und Schleimstoffe. Gesammelt werden die Blüten samt Flügelblatt jedes Jahr frisch, da die Wirkstoffe über das Jahr nachlassen. Die schweißtreibende, schleimlösende, blutreinigende, beruhigende und krampfstillende Wirkung des Tees ist erstaunlicherweise in den mittelalterlichen Kräuterbüchern nicht angeführt. Bei allen Erkältungskrankheiten wie Schnupfen, Grippe, Husten und Bronchitis verspricht er „Linderung". Kompressen wirken bei ermüdeten und entzündeten Augen und Waschungen helfen bei entzündeter Haut.

Für Imker ist die Linde eine wichtige Trachtpflanze. Daher war es im Mittelalter verboten, sie zu fällen – es wurde ein Bann über sie gelegt.

Wesen – Begegnung

Die schöne Gestalt der Linde und der süße Duft ihrer Blüten ziehen uns in den Bann. Wir verknüpfen mit ihrem Duft warme Sommerabende im Freien. Die Herzform von Blättern und Krone stellt eine Beziehung zu ihrer Bedeutung als Liebesbaum her.

Die Linde braucht Platz, um sich zu entwickeln. Die oft bis auf den Boden hängenden Äste frei stehender Bäume, unter denen wir Schutz und Geborgenheit finden, vermitteln einen prächtigen

Eindruck. Die Linde strahlt Ruhe aus und verleitet zum Träumen, die Welt um uns herum wird bedeutungslos. Das dichte Blätterdach überträgt Sanftheit, wie die Sanftheit der Urmutter, die alles nährt und beruhigt und allem zuhört.

Die Linde ist ein weiblicher Baum und ist verknüpft mit der Urquelle des Lebens. Sie wirkt besänftigend, in physischer, seelischer und geistiger Hinsicht. Sie vermittelt das Eingebundensein in eine Gemeinschaft, in eine Familie, und steht sinnbildlich für das Einssein mit der ganzen Welt. Unter einer Linde nehmen Sie die Verbindung zum Kosmos wahr.

Überprüfen Sie Ihren Umgang mit der Welt. Denken Sie nach über Ihren Platz im kleinen und großen Gefüge und über Ihre Aufgaben. Durch gemeinsames Handeln entsteht Harmonie, lässt sich Unglaubliches erreichen. Geselligkeit stärkt die Verbundenheit der Menschen untereinander. Die Alten eines Dorfes kannten in früheren Zeiten die vereinende Kraft dieses Baumes. Er stärkte den Zusammenhalt, die Kraft und Solidarität. Die Linde wirkt unterstützend, aber nie kämpferisch, sie mäßigt Streit und weckt Vertrauen.

Mythologie

Die Linde war weniger als Waldbaum, sondern vor allem als Hausbaum, auf einem Burgplatz, einem Klosterhof, somit als Begegnungszentrum und wichtiges Kommunikationszentrum sehr geschätzt. In der Nähe einer Dorflinde wurden Hochzeiten gefeiert und Jahrmärkte abgehalten, sie stand neben Figuren, Bildstöcken in der Landschaft und bei Kirchen. Unter ihr träumten die Jungen und Liebenden der Zukunft entgegen, die Alten kommunizierten mit den Lieben im Jenseits.

Viele Gedichte, Lieder und Sagen erzählen von diesem Baum. Er war stets einer Göttin geweiht, sei es der griechischen Liebesgöttin Aphrodite oder Frigga, Frija oder Freya, den Göttinnen der Liebe, Fruchtbarkeit und des Glückes bei den Germanen. Da das Christentum Maria, durch die die frühere Anbetung einer weiblichen Gottheit indirekt Fortsetzung fand, mit der Linde in Verbindung brachte, wurden viele Baumheiligtümer in die heutige Zeit gerettet.

Erst im 18. Jahrhundert übernahm die Eiche die bis heute überragendere Bedeutung im deutschsprachigen Raum von der Linde, dem ursprünglichen Baum des Volkes. Diese beiden Bäume stellen die Polaritäten zwischen dem Männlichen und Weiblichen dar. Ein Beispiel ist das Liebespaar Philemon und Baucis, zwei altgriechische Sagengestalten. Sie baten darum, auf ewig bei dem Heiligtum, das sie gehütet hatten, bleiben zu dürfen und nicht durch den Tod getrennt zu werden: So wurden sie in eine Linde und eine Eiche verwandelt, die eng umschlungen das Dach des Tempels tragen.

Im Baltikum opferten die Frauen unter einer Linde und die Männer unter einer Eiche. Die Linde steht für Schutz und Frieden, die Eiche für Recht und Krieg. Eichenlaub steckten sich dementsprechend die Krieger an, Lindenblätter tragen dagegen auch heute noch manche Wallfahrer mit sich.

Als Schicksalsbaum einer Familie bestimmte das Gedeihen der Linde Glück oder Unglück. Auch war sie häufig Gerichtsbaum: Unter ihr musste die Wahrheit ans Licht kommen, davon war man felsenfest überzeugt. Heute hat sie ihre einstige Bedeutung verloren: Nur noch die vielen Ortsnamen wie Lindau, Linz oder Lindenberg weisen auf ihre ehemals bedeutsame Rolle in unserer Kultur hin.

Tanne

Abies alba
Pinaceae

Weiß-Tanne
Kieferngewächse

Erkennen – Standort

Die Tanne ist neben der Fichte der bekannteste Nadelbaum. Sie besitzt eine walzenartige Form und im Alter einen im Gegensatz zur Fichte an der Spitze typisch abgeflachten Wipfel. Die Fichte, vermutlich wegen ihrer teils rotbraunen Rinde auch Rottanne genannt, ist hingegen kegelförmig im Wuchs. Auch der spitz zulaufende Wipfel, die stechenden Nadeln und hängenden Zapfen unterscheiden sie von der Tanne.

Die Rinde der Tanne erscheint zuerst glatt und weißlich grau, im Alter aber rissig und silbrig glänzend. Daher auch der Name Weiß-Tanne: „alba" bedeutet „weiß". Gut zu erkennen sind zwei helle Streifen an der Unterseite der vorne stumpf eingekerbten Nadeln.

Der Baum blüht im April/Mai. Die weiblichen Zapfen sind sechs bis 15 Zentimeter lang und stehen aufrecht an den sich im oberen Kronenteil befindenden vorjährigen Zweigen. Die Samenschuppen lösen sich einzeln vom Zapfen, die Zapfenspindel bleibt am Baum übrig. Daher findet man nie ganze Tannenzapfen.

Die Tanne zählt zu den Koniferen, zu den Nadelgehölzen. Sie gehört wie Lärche, Kiefer und Fichte zur Familie der Kieferngewächse. Früher oft bestandbildend mit Buchen und Fichten, ist sie heute ein in Mitteleuropa nur wenig verbreiteter Waldbaum.

Die Tanne gedeiht als typischer Gebirgsbaum auf Höhen zwischen 400 und 1500 Metern. An Einzelstandorten erreicht sie noch höhere Lagen. Sie kann bis zu 300 Jahre alt werden, bei einer Höhe von bis zu 50 Metern. Nur alle zwei bis sechs Jahre trägt sie reichlich Samen, wobei sie gerade in den vergangenen Jahrzehnten wegen industrieller Rauchgase und des sauren Regens Rückgänge erlitt. Wildverbiss und mangelnde Förderung durch die Forstwirtschaft trugen außerdem dazu bei, dass sie heute in vielen Gegenden als gefährdet einzustufen ist.

Gestaltung – Verwendung

Fichten und Tannen werden in unseren Gärten leider viel zu häufig als immergrüne Gehölze angepflanzt, obwohl sie dort fehl am Platze sind. Die manchmal als Hecken gepflanzten Bäume mit gekappten Spitzen sehen besonders traurig aus.

Fichte und Tanne werden umgangssprachlich oft verwechselt und sind für den Laien auf den ersten Blick auch nicht ohne weiteres zu unterscheiden. Die sprachlich oft fehlende Eindeutigkeit zeigt sich auch beim mittelhochdeutschen Wort „tan", was allgemein „Wald" oder „Forst" bedeutet.

Der Tannenbaum ist vor allem als Weihnachtsbaum berühmt. Heute ersetzt man die schöne einheimische Tanne aber meist durch ausländische Sorten, wie etwa der Nordmanns-Tanne, oder durch Fichten. Ihr Holz ist gelblich bis rötlich, weich und leicht spaltbar. Es wird gerne zum Geigenbau verarbeitet, insbesondere das Holz von Gebirgstannen, die besonders langsam wuchsen. Auch Schiffsmasten stammen häufig von Gebirgstannen. Spezielle Einsatzgebiete sind die Herstellung von Chemiebehältern, Schindeln und die Verwendung im Wasserbau.

Heilkraft – Ernährung

Tannennadeln enthalten wunderbar duftende ätherische Öle, die, wie auch das nach Zitrone und Gewürzen duftende Tannenharz, zu Heilmitteln verarbeitet wurden. Hildegard von Bingen empfahl eine Salbe gegen Kopf- und Herzbeschwerden. Zerkautes Tannenharz desinfiziert den Mund und festigt das Zahnfleisch, es soll auch gegen Magengeschwüre vorbeugen.

Heute sind Tannen als Zulieferer für vielseitige antiseptische Heilmittel gängig, aufgrund ihrer durchblutungsfördernden Wirkung auch gegen Rheuma und Arthrose. Bei Erkältungen und Husten hilft Tannenwipfelsirup. Das duftende Tannennadelöl eignet sich zum Inhalieren, als Zusatz zum Badewasser oder für den Saunaaufguss.

Wesen – Begegnung

Die Tanne ist geradlinig und wächst ohne Umwege nach oben. Unter ihr findet man im Gebirge Schutz vor Gewitter und Sturm, da ihr Nadelkleid sehr dicht ist. Sie ist Sinnbild für Schönheit, Stärke und Größe, sie strahlt Achtung und Würde aus. Sie wird deshalb auch als „Königin des Waldes" bezeichnet.

Durch die traditionelle Verbindung zum Weihnachtsfest symbolisiert sie Kontemplation, Innenschau und Pflege der Seele. Dieses Fest der Familie vermittelt Wärme für Herz und Gemüt, Urvertrauen in das Leben, es stärkt die Gemeinschaft.

Die Tanne ist durch ihre Tradition als Weihnachtsbaum auch das Symbol für Licht und Liebe. Liebe berührt unseren Emotionalkörper. Von ihr geht alles aus, aus ihr entsteht Leben, sie ist eine starke schöpferische Kraft. Auch ist sie der Antrieb, der alles in Bewegung hält und der sicherste Weg zu persönlicher Reife und Entwicklung. Finden Sie das Prinzip der Liebe in sich, um dann zu erfahren, dass die Liebe im ganzen Universum reich vorhanden ist. Die Tanne unterstützt Sie dabei.

Liebe darf nicht schmerzen, auch wenn sie von starken Gefühlen begleitet ist. Sie ist stets auch eine Sache der eigenen Einstellung, sie sollte dauerhaft und nicht sprunghaft von äußeren Bedingungen abhängig sein. Das Prinzip der Liebe ist grenzenlos, niemand kann sie einem wegnehmen, wir können sie unendlich fließen lassen. Sie berührt tief, sie bewegt und sie heilt.

Mythologie

Der erste urkundlich erwähnte Weihnachtsbaum stand Mitte des 16. Jahrhunderts in Deutschland, aber erst Anfang des 19. Jahrhunderts verbreitete sich der aus vorchristlicher Zeit stammende Brauch, zur Festlichkeit einen Baum aufzustellen. Die Kirche hatte versucht, diesen ursprünglich heidnischen Brauch zu unterbinden. Aber der immergrüne Baum, der die Überwindung von Winter und Dunkelheit symbolisiert und als Lichtbringer gilt, war so beliebt, dass er bis heute eines der wichtigsten Symbole im Jahresverlauf darstellt.

Am 25. Dezember wurde früher in Rom das Fest zu Ehren von Mithras, des Gottes des Lichtes und der unbesiegbaren Sonne, gefeiert: An diesem Tag brannten die Sonnwendfeuer. Erst im 4. Jahrhundert unserer Zeitrechnung begann man, an diesem Tag die Geburt Christi, der auch als Lichtbringer betrachten werden kann, zu feiern.

Viel älter noch ist das Fest der Sonnengöttin Lucina. Sie ist die Lichtgöttin, die am Tag der Wintersonnenwende das Licht wiederbringt. Die Kelten und Germanen feierten diesen Tag, der mit dem Längerwerden der Tage der eigentliche Jahresbeginn ist: Dieses Julfest dauerte im Julmond, dem heutigen Dezember, manchmal bis zu 20 Tage lang. Dann wurde auch der Wintermaien, der ursprüngliche Weihnachtsbaum aufgehängt und das Haus mit Stechpalme, Mistel und Efeu oder Tannen- und Fichtengrün geschmückt. Die Asche Julbockes aus Birken- oder Eichenholz schwelte in der Sonnwendnacht des Winters. Sie galt als heilkräftig und wurde fruchtbarkeitsbringend auf die Felder gestreut (vgl. S. 91).

Unser heutiges Weihnachtsfest enthält noch immer einige Elemente der früheren Feiern zur Wintersonnenwende. Auf den Weihnachtsbäumen, insbesondere im ländlichen Raum, hängen Äpfel und Nüsse. Die glänzenden Weihnachtskugeln symbolisieren das Licht und aufgrund ihrer Kreisform auch Fruchtbarkeit. Oft schmücken Papierrosen, Zuckerbäckerei, Gold und Lametta den Baum, alles Zeichen von Reichtum und Fülle. Auch thront der Polarstern, das Symbol der Sternengöttin, der Herrin der Natur, auf der Spitze aller Weihnachtsbäume. Die Kerzen des römischen Dionysosfestes und das Licht der Winterfeuer finden sich also bis zum heutigen Tag am Weihnachtsbaum wieder.

ULME

Ulmus minor — Feld-Ulme
Ulmus glabra — Berg-Ulme
Ulmus laevis — Flatter-Ulme
Ulmaceae — Ulmengewächse

Erkennen – Standort

Die Feld-Ulme wächst als Baum oder auch als mehrstämmiger Strauch mit längsrissiger, grauer bis graubrauner Borke und hellen Korkwarzen an den jungen Zweigen, die sich manchmal zu richtigen Korkleisten entwickeln. Die Blätter können in Größe und Form sehr variabel sein. Die für die Art typischen Blätter finden sich besonders in den blühenden Regionen des Baumes. Sie sind fünf bis zwölf Zentimeter lang und etwa halb so breit, länglich und eiförmig bis elliptisch.

Ein gutes Erkennungsmerkmal aller Ulmen ist die ungewöhnliche und deutliche Asymmetrie am Grund der Blätter. Das Blatt ist am Rand einfach bis doppelt gesägt. „Minor" bedeutet „klein" und bezieht sich auf die viel kleineren Blätter der Feld-Ulme im Vergleich mit den anderen Ulmenarten.

Die zwittrigen Blüten der Ulmen, die im März/April erscheinen, werden durch den Wind bestäubt, aber auch gerne von Pollen sammelnden Insekten besucht. Die auffälligen Früchte erscheinen als flache, eiförmige eingeschnittene Flügelnüsschen und reifen schon im Mai/Juni. Die Fruchtstände, die als Assimilationsorgane arbeiten, lassen die Ulmen bereits vor Laubaustrieb belaubt aussehen. Der im Zentrum liegende Same wird von einer Scheibe eingeschlossen. Die als Scheibenflieger bezeichneten Früchte verbreitet der Wind.

Der Stamm der Flatter-Ulme wird oft von für ihre Art charakteristischen, dicht verzweigten Stockausschlägen begleitet. Die zehn bis zwölf Zentimeter großen Blätter sind in der Mitte am breitesten ausgeformt. Die Oberseite ist matt glänzend und glatt, wie die Bezeichnung „laevis" verrät. Die Unterseite dagegen ist weich und dicht behaart. Die Berg-Ulme bildet eine deutlich rundliche Krone aus. Die breit elliptischen Blätter haben ein besonders charakteristisches dreispitziges Ende mit nach vorne gerichteten Lappen. Im Vergleich sind sie die größten der drei Ulmenarten.

Die Ulmen waren gemeinsam mit den Eichen am Ende der letzten Eiszeit vor rund 10.000 Jahren in Gebiete nördlich der Alpen zurückgekehrt. In der Buchenzeit wurden sie wieder etwas zurückgedrängt. Sie werden auch Rüster genannt.

Die Feld- und Flatter-Ulme sind gewässerbegleitende Gehölze, die in den großen Flusstälern und Hartholzauen wachsen. Die Feld-Ulme steigt bis in Höhen von etwa 1000 Meter und ist im Süden und Osten ihres Verbreitungsgebietes auch bestandbildend. Im Wald wächst sie gemeinsam mit Eiche, Erle und Pappel, ist bei uns aber vor allem als wichtiges Feldgehölz der Kulturlandschaft bekannt. Mit ihrem strauchartigen Wuchs bildet sie oft geschlossene Bestände, die sich durch Wurzelaustrieb verbreiten. Sie wächst sehr rasch, wurzelt tief und kann das hohe Alter von 400 Jahren erreichen, bei einer Stammdicke von lediglich einem halben bis einem Meter Durchmesser.

Die Ulmenkrankheit bedroht am stärksten diese Ulme, die unter diesen Umständen kleinwüchsig bleibt. In gesundem Zustand erreicht sie eine Höhe von bis zu 40 Metern. Viele alte, bedeutsame Ulmenbäume, die als historische Dorf- oder Gerichtsulmen häufig unter Denkmalschutz standen, wurden durch das Ulmensterben vernichtet. Diese Krankheit, die sich über den Ulmensplintkäfer Anfang des 20. Jahrhunderts von Holland aus über Europa bis nach Amerika ausbreitete, verursacht ein Pilz. Der Baum beginnt zu welken und stirbt langsam ab. Besonders in trockenen Jahren bedroht die Krankheit die Bäume stark. Heute sind 90 Prozent der Ulmen in Mitteleuropa infiziert. Hier muss die Natur selbst resistente Arten bilden, da der Pilz mit Hilfe des Menschen kaum zu bekämpfen ist.

Die Flatter-Ulme wird nur zehn bis 35 Meter hoch. Sie wächst gemeinsam mit Eiche, Esche, Erle und Spitz-Ahorn, ist sehr wärmeliebend und bevorzugt die Nähe von Wasser. Ihre Wurzeln dringen tief in das Erdreich ein und dienen mittels Wurzeltrieben auch der Verbreitung. Ihr maximales Alter liegt bei 250 Jahren, wobei sie ihre endgültige Höhe bereits mit 50 bis 75 Jahren erreicht. Eine Besonderheit, die wir sonst nur bei Gehölzen der Tropen kennen, sind die Ansätze von Brettwurzeln an der Stammbasis. Diese oberirdisch sichtbaren Wurzeln sind schmal, hochkantig und sehen brettartig aus. Dieser Baum wird durch den Wind bestäubt, aber trotzdem gerne von Insekten besucht. Von den drei beschriebenen Arten ist die Flatter-Ulme gegenüber der Ulmenkrankheit am widerstandsfähigsten.

Die Berg-Ulme kommt in schattigen Schlucht- und Hangwäldern der Hügel- und Gebirgsstufe vor, in den Alpen bis auf eine

Höhe von 1400 Metern. Die Verbreitung erfolgt durch Samen und nicht über Wurzelaustriebe. Sie wächst schneller als die beiden anderen Arten und erreicht ein Alter von bis zu 400 Jahren mit einem Stammdurchmesser von ein bis zwei Metern.

Gestaltung – Verwendung

Die Ulme verhält sich gegenüber Luftverschmutzung relativ unempfindlich und wird daher als Stadt- sowie als Alleebaum oder in Parkanlagen angepflanzt, insbesondere die Feld- und die Berg-Ulme. Ulmen werden auch gerne als Windschutz- und Landschaftsgehölze eingesetzt.

Das Holz der Feld-Ulme ist gelblich weiß bis grau, mit einem braunen Kern. Wegen seiner Härte und Stoßfestigkeit wird es speziell für Sitzmöbel, Sportgeräte und Parkett eingesetzt. Das Holz der Flatter-Ulme wurde früher zur Erzeugung von Wagenrädern, Wasserrädern und Brunnentrögen verwendet. Heute dient es vor allem der Herstellung von Furnieren und Möbeln mit schönem Gelb-Rotton und von Parkett und Holzpflaster. Die Wurzeln sind wegen ihrer schönen Maserung besonders für Drechsler- und Schnitzarbeiten beliebt. Ulmenholz, mit Ausnahme dem der Flatter-Ulme, erreicht teilweise die Härte von Eichenholz, wächst aber doppelt so schnell.

Heilkraft – Ernährung

Die Feld-Ulme war schon in der Antike als Heilmittel bekannt. Wegen ihres hohen Gerbstoffgehaltes und der in ihr enthaltenen Schleimstoffe setzte man sie bei der Behandlung von Durchfällen und Magenbeschwerden ein. Früher galt ein adstringierender Absud aus Ulmenrinde als Heilmittel bei Hautausschlägen, Geschwüren und bei der Wundbehandlung. Auch in der Homöopathie wird die Essenz der Rinde junger Ulmenzweige bei chronischem Hautausschlag eingesetzt. Ihr Tee ist gegen Rheuma geeignet, da er auf Niere und Blase anregend wirkt.

Pulverisierte Rinde, gemischt mit Eichenrinde, wurde in der Tierheilkunde bei Ekzemen und für Waschungen sowie auch bei Koliken von Schaf, Ziege und Pferd eingesetzt. Ulmensamen lassen sich geröstet schmackhaften Suppen, Salaten und Wildgemüsezubereitungen beigeben.

Wesen – Begegnung

Auffällig ist die Asymmetrie der Blätter. Sie symbolisieren die Gegensätze zwischen Ausdehnung und Zusammenziehung. Ein Teil wächst schneller, der andere zurückhaltender. Die Ulme wirkt in ihrer Gestalt durch ihre dunkelgrünen Blätter etwas düster und bildet oft markante Punkte in der Landschaft.

Sie stellt durch die Schnelllebigkeit der Blüten und Früchte einen Bezug zum Element Luft her. Um mit den Luftgeistern in Kontakt zu kommen, können Sie mit Ulmenrinde räuchern oder sich unter einer Ulme aufhalten.

Nach Hildegard von Bingen wirkt die Ulme beruhigend auf Streitigkeiten und versetzt die Menschen in eine fröhliche Gemütslage. Sie rät, in einem mit Ulmenholzfeuer erwärmten Wasser zu baden. Auch bringt sie die Ulme mit den Luftgeistern in Verbindung. Dem Luftelement zugeordnet sind die Feen und die Pflanzendevas, die für die zeitliche Koordination der Lebensprozesse in den Pflanzen zuständig sind.

Die Ulme trägt das Erwachen, den Schwung, den Fluss des Lebens in sich. Sie lehrt uns, frei zu werden und nicht eintönig im Alltagstrott zu versinken, sondern die Vielfalt des Lebens zu sehen und zu genießen. Der Fluss des Lebens bedeutet, offen und spontan durch das Leben zu gehen. Manchmal tun sich neue Wege auf, die Sie gehen können. Kooperieren Sie einfach mit dem Leben und vieles wird leichter fallen. Eine wichtige Bedeutung spielt hier die Bewegung. Bleiben Sie nie stehen, sondern gehen Sie eigene Wege und versuchen Sie sich auf vielen Ebenen weiterzuentwickeln. Alte, wiederholte Muster und das Kreisen um bestimmte Probleme behindern Reifeprozesse.

Optimismus lässt vieles positiver betrachten und öffnet manchmal auch neue Türen. Über die Kommunikation mit Menschen können Sie sich auf vielen Ebenen austauschen. Entwickeln Sie Interesse und Neugier an neuen Dingen und Sie werden mit der Fülle des Lebens beschenkt. Wenn Sie unvoreingenommen auf alles zugehen, kommt oft vieles unerwartet zurück. Neu entdecktes Wissen ist wertvoll und Sie können es bei späteren Aktivitäten und Beziehungen umsetzen.

Die Ulme wird in der Bachblütentherapie für Menschen mit Überforderung empfohlen, die die Last der Arbeit erdrückt und die Zeichen von Schwäche und Erschöpfung zeigen. Sie stellt den Bezug zur Realität wieder her und erdet, sie stärkt die Selbstsicherheit und das Vertrauen in die Zukunft.

Mythologie

Es sind nur wenige Geschichten über Ulmen überliefert. In der griechischen Mythologie war dieser Baum ein Symbol des Todes und der Trauer und wurde in Totenhainen angepflanzt. Eine

Überlieferung etwa besagt, dass die Tore zur Unterwelt von einer Ulme bewacht werden. Um diesen Baum ranken sich insgesamt jedoch nicht ganz so düstere Geschichten wie beispielsweise um die Eibe und Erle.

Schon immer gab es die Einteilung der Bäume in männliche und weibliche Wesen. Dies entstammt vielleicht auch der Vorstellung, dass der Mensch aus einem Baum entstanden ist, und die Geschlechter aus verschiedenen Baumarten. Laut germanischer Mythologie wurde zwei Bäumen durch die Götter Leben eingehaucht: Die Götter spazierten am Strand entlang und entdeckten zwei angeschwemmte Baumstämme. Einer war eine Esche, der andere eine Ulme. Sie fischten die Bäume aus dem Wasser und bliesen ihnen Geist, Sprache, Blut und Leben ein. Aus der Esche entstand eine Frau, aus der Ulme ein Mann – die Stammeltern der Menschheitsgeschichte. Die Ulme galt in dieser Kultur also als männlicher Baum. In Italien gibt es deshalb bis heute die Tradition, die „männlichen" Ulmen als Stütze für die als weiblich eingeordneten Weinreben zu pflanzen.

Die Ulme ist aber auch mit positiven Grundzügen besetzt. So galt sie auch als Glücksbringer für die Gesundheit. In den USA ging sie als Freiheitsbaum in die Geschichte ein. Und alte Geschichten erzählen davon, dass Baumnymphen sogar bevorzugt in Ulmenbäumen leben. Diesem Baum wird außerdem eine schöpferische Wesenheit zugesagt. Über vierzig Dichter sind dem keltischen Kalender nach in den der Ulme zugeordneten Tagen geboren.

WEIDE

Salix alba
Salix caprea
Salix viminalis
Salicaceae

Silber-Weide
Sal-Weide
Korb-Weide
Weidengewächse

Erkennen – Standort

Die Silber-Weide ist ein breit ausladender Baum mit einer grauen, tiefrissig gerippten Borke. Die sehr biegsamen Zweige hängen oft über. Die am Rand gesägten Blätter sind lanzettlich geformt, sechs bis zehn Zentimeter lang, aber nur zwei Zentimeter breit, und besitzen am Rand kleine Drüsen. Die Blüten sind in männlichen, aufrechten, bis zu sieben Zentimeter langen Kätzchen angeordnet, die gemeinsam mit den Blättern erscheinen, sowie in dünneren und kürzeren, aufrechten weiblichen Kätzchen. Der Baum ist zweihäusig, das heißt ein Individuum trägt entweder nur männliche oder nur weibliche Blüten. Diese Weide blüht im April/Mai und die Fruchtreife erfolgt kurz darauf im Mai/Juni. Im Winter bedeckt eine Schuppe die Knospen der Kätzchen, was sie deutlich von anderen Baumknospen unterscheidet.

Die Laubblätter der Sal-Weide sind breit oval geformt und ähnlich lang wie die der Silber-Weide, aber mit zwei bis sechs Zentimetern wesentlich breiter. Die männlichen eiförmigen Blütenkätzchen kennen wir von den Ostersträußen. Bevor sie aufblühen und ihre gelben Staubblätter herausstrecken, fühlen sie sich fellartig weich an. Die weiblichen Kätzchen wachsen lang gestreckt. Die Blütezeit liegt je nach Witterung sehr unterschiedlich zwischen März und Mai.

Bei der Korb-Weide stehen die Äste aufrecht ab, sie kann baum- und strauchförmig wachsen. Ihre Borke ist grün bis gelblich braun, wobei sich die Art am besten an den bis zu 15 Zentimeter langen, aber nur 1,5 Zentimeter schmalen und am Ende zugespitzten Laubblättern erkennen lässt. Deren Unterseite ist seidig behaart und silbrig glänzend, der Blattrand rollt sich deutlich nach unten ein.

Die Silber-Weide wächst gewässerbegleitend an Flüssen, Bächen, Seen und ist gemeinsam mit Pappel, Erle und anderen Weidenarten eine wichtige Art der Weichholzauen. Sie bildet auch reine Bestände, gedeiht auf nassen, regelmäßig überschwemmten, nährstoffreichen Böden und wird zehn bis 15 Meter hoch. Wegen ihrer Gewässernähe findet sie sich vor allem im Tiefland, kommt aber auch im Gebirge bis 900 Meter Höhe vor. Sie wird 80 bis 200 Jahre alt, wobei sie bis zu einem Meter dicke Stämme ausbildet.

Die Sal-Weide wird rund zehn Meter hoch und besiedelt mit Wald- und Wegrändern einen anderen Lebensraum, kann jedoch ebenfalls gewässerbegleitend vorkommen. Die weitreichende Samenverbreitung und die üppige Samenproduktion mit hoher Keimfähigkeit machen sie zu einem erfolgreichen Pioniergehölz. In Mitteleuropa erreicht dieser Baum in den Alpen fast die 2000-Meter-Grenze.

Die Korb-Weide ist mit nur drei bis acht Metern die kleinste der drei Arten. Sie wächst wie die Silber-Weide gewässerbegleitend in Auwäldern und -gebüschen auf nährstoffreichen Böden, die auch länger überflutet sein können. Ihre Raschwüchsigkeit wird nur von der Pappel übertroffen, die botanisch gesehen ebenfalls zu den Weidengewächsen zählt.

In der Gattung Salix finden wir ausschließlich Holzgewächse. Sie umfasst weltweit rund 500 Arten, von flach kriechend bis baumförmig. In Mitteleuropa sind 30 Arten vertreten.

Gestaltung – Verwendung

Die Silber-Weide kann sehr vielgestaltig sein, da sie sich mit vielen anderen Weiden kreuzt, das heißt bastardiert. Daher gelingt die exakte botanische Bestimmung oft nur dem Spezialisten. Die männliche Sal-Weide ist wegen ihrer schönen samtenen Kätzchen eine der beliebtesten Weiden in unseren Gärten. Der Nektar der weiblichen Blüten enthält bis zu 80 Prozent Zucker. Um die Insektenbestäubung von Obstbäumen zu sichern, werden Weiden gerne in ihrer Nähe gepflanzt.

Die Korb-Weide hat heute vermutlich eine weitere Verbreitung als ihr natürliches Areal, da sie vielfach zur Nutzung von Flechtruten und zur Uferbefestigung angepflanzt wurde. Im Gebirge ist sie bis 800 Meter Höhe vertreten und fungiert ebenfalls als reich blühende Bienenweide. Weiden zeigen einen überwältigenden Formenreichtum, wobei viele Arten zwergförmig sind und nur wenige zu stattlichen Bäumen heranwachsen.

Viele Silber- oder Korb-Weiden wurden früher alle zwei bis drei Jahre geschnitten, um die biegsamen Ruten zum Flechten von Körben, Zäunen und zum Binden von Weinreben zu gewinnen.

„Viminalis" bedeutet „Korb" oder „Flechten". Diese Weisen erhalten durch regelmäßigen Schnitt und Austrieb von jungen Zweigen ihr „kopfiges" Aussehen, was zu ihrem Namen geführt hat. Flechtprodukte waren früher zwar häufig, sind heute jedoch meist durch Materialien wie Kunststoff verdrängt worden. Doch werden Kopfweiden in Schutzprojekten stellenweise wieder der Schnittnutzung zugeführt, um ihr typisches, landschaftsprägendes Aussehen zu erhalten. Für den Bau der für Kinder attraktiven Weidentunnel oder -häuschen eignen sich besonders die Silber-, die Korb- und die Purpur-Weide.

Die Weiden sind weich und auch anfällig für Schädlinge und Fäulnis und finden daher kaum Verwendung als Nutzholz, nicht einmal als Brennholz. Nur die Silber-Weide wird für Kleingegenstände verarbeitet und dient zudem der Herstellung von Zellulose.

Heilkraft – Ernährung

Fieber, Magen-Darm-Erkrankungen und Augenkrankheiten heilten schon die alten Griechen mit Hilfe der Weide. Sie wirkt keimtötend, adstringierend, schmerzstillend, fiebersenkend und harn- und schweißtreibend. Alle berühmten Heilkundigen wie Hippokrates, Plinius, Hildegard von Bingen, Albertus magnus und Paracelsus lobten ihre Heilkraft. Der Wirkstoff bei Erkältungen und Schmerzen ist das Salicin. Seit Ende des 19. Jahrhunderts ist die künstliche Herstellung von Salizylsäure möglich, die unter dem Namen Aspirin berühmt wurde.

Die Weide gilt als kühlender Baum, der auch die sexuelle Hitze bremst. Bei den Christen wurde der Baum daher zur Linderung der Lust und Unkeuschheit in Klostergärten gepflanzt.

Wesen – Begegnung

Die äußerst regenerative Weide treibt nach extremem Rückschnitt aus einzelnen geschnittenen Stecklingen und selbst nach dem Fällen wieder stark aus. Sie wirkt dadurch vital und lebenskräftig. Auch liebt sie das Wasser und steht mit diesem über die Wurzeln oder ins Wasser ragende Äste in engem Austausch. Die Nähe zu diesem Element erklären die Geschichten über Pflanzendevas und über die weibliche Baumfee, die in den Weidenbäumen wohne (siehe S. 45 ff.).

Auch von Baumnymphen, den Wasserwesen, wird erzählt. In Weidenbeständen können Auennymphen ihre Heimat finden, die für das Funktionieren des Wasserhaushaltes zwischen den Pflanzen zuständig sind.

Die Weide steht für Vitalität. Nutzen Sie Gelegenheiten, die sich Ihnen bieten, seien Sie so flexibel wie die Weide. Indem Sie Dinge positiv betrachten, tun sich schnell neue Möglichkeiten für Sie auf. Sie entdecken in allem, was Ihnen wiederfährt, etwas Positives und können daraus Nutzen ziehen. Die Weide erinnert darüber hinaus auch daran, viel Wasser zu trinken, um gesund und vital zu bleiben.

Wasser steht in Verbindung mit Emotionen. Das zeigt einen zweiten Aspekt der Weide. Sie führt in das Reich der Gefühle, die ein wichtiger Teil unserer seelischen Ausgewogenheit sind. Von Laotse ist überliefert, dass er nach einem Schlaf unter einer Trauerweide gesagt hat: „Wer weiß, ob wir im Leben träumen oder im Traum leben." Die Weide stellt einen Bezug zum Erträumen neuer, noch ferner, aber realisierbarer Ziele her.

In der Bachblütentherapie wird sie bei Menschen eingesetzt, die sich niedergeschlagen fühlen, voll von negativen Gedanken sind und sich als Opfer des Schicksals betrachten. Auch hilft sie, eigenverantwortlich zu denken, die lichte Seite des Lebens und den eigenen Optimismus wieder zu entdecken.

Im wilden Wald, in der Natur
Sie begegnen der natürlichen Ausstrahlung der Weide und ihrer Ruhe.

Sie machen eine imaginäre Reise. Sie gehen durch eine Aue entlang eines mäandrierenden Baches. Alles hier ist lebendig und voller Ausstrahlung. Eine angenehme Feuchtigkeit liegt in der Luft, das Sonnenlicht strahlt gebrochen durch die Baumkronen. Der Wald ist dicht verwachsen mit hohen krautigen Pflanzen. Sie wandern durch eine duftende Bärlauchdecke. Sie steigen über umgestürzte Baumstämme, der Geruch der frischen Erde kommt Ihnen entgegen. Es ist ein unberührter Raum, die Natur ist mit sich alleine. Gehen Sie mit Demut hindurch und lassen Sie sich einfach führen. Nehmen Sie sich Zeit für Begegnungen. Die Stille um Sie wird immer tiefer. Sie suchen sich einen Platz, wo Sie sich ausruhen können und finden eine große Weide mit prächtigen ausladenden Ästen. In einer Mulde unter dem Baum mit einem Bett aus abgestorbenen Gräsern legen Sie sich hin und lassen sich vom Frieden um Sie herum einhüllen. Sie träumen einen Traum von der Natur...

Mythologie

Die Palmzweige der Sal-Weide werden in der katholischen Kirche am Palmsonntag geweiht und bilden den Kern der mit Eiern behangenen Osterträuße. Die geweihten Äste werden im ländlichen Raum beim Kruzifix aufgestellt oder auch auf Äckern und Wiesen verteilt. Hier zeigt sich der Bezug zum Ursprung des

Osterfestes, zu Ostara und dem Feiern von Fruchtbarkeitsriten. Doch der Zweig symbolisiert auch Leid, die Passion, die dem Tod und der Wiederauferstehung vorangeht.

Demeter, die Fruchtbarkeitsgöttin der Antike, steht mit der Weide und ihrer erneuernden Treibkraft in Verbindung. Mit der Weidenblüte feierten die Menschen das Wiedererwachen der Natur und steckten für die Fruchtbarkeit der Felder Weidenzweige in die Erde. Im Dunkel eines hohlen Weidenstammes und in der Kraft des Verfalles, wenn der noch lebende Baum von innen verfault, findet sich die Göttin des Todes und der Wiedergeburt, Persephone. Hohle Weiden sind eine heimliche Pforte zur Anderswelt.

Die beiden lebensspendenden Kräfte Wasser und Mond wurden gemeinsam mit der Weide als Symbole der Fruchtbarkeit der Erde, als Symbole der Göttinnen verehrt. So schnell wie sie keimt, wächst und gedeiht, so schnell stirbt sie auch. Diese Zyklen und das Weiche, Wässrige entsprechen der Symbolik der Mondgöttin. Die Weide zählte man gemeinsam mit der Erle sowie dem fruchttragenden Apfel- und Kirschbaum zu den Mondbäumen. In der Zeit der Verehrung der großen Mutter wurden sie besonders behütet.

Bei den Druiden steht die Weide als fünfter Baum im Baumalphabet. Es wird vermutet, dass die keltischen Heiler aus Weidenzweigen Initiationshütten, eine Art Schwitzhütte, bauten, in der sie auf schamanische Reise gingen oder Tote eine Wegstrecke in die jenseitige Welt begleiteten. Die Weide ist wie der Holunder ein Schwellenbaum zwischen Winter und Frühling, Diesseits und Jenseits, Land und Wasser. Die weisen Frauen aus der vorchristlichen Zeit fertigten ihre Besen zum schamanischen Flug oder dem reinigenden kultischen Kehren aus Eschenstiel und Birkenruten, die sie mit Weidenzweigen festbanden.

Literatur

ABELAR TAISHA (1999), Die Zauberin, Fischer
BOUCHARDON PATRICE (1999), Heilende Energie der Bäume, Urania
CLASSEN NORBERT (1992), Das Wissen der Tolteken, edition tonal & Verlag Terra Magica Nostra
COWAN TOM (2001), Die Schamanen von Avalon, Lotos
FISCHER-RIZZI SUSANNE (1996), Blätter von Bäumen, Irisiana
HAGENEDER FRED (2000), Geist der Bäume, Neue Erde
KÜCHLI CHRISTIAN (2000), Auf den Eichen wachsen die besten Schinken, AT Verlag
MÜLLER-EBELING, RÄTSCH, STORL (1999), Hexenmedizin, AT Verlag
PLOTZ OLAF (1989), Wo Kobolde wachsen, Edition Katzenvilla
POGACNIK MARKO (1995), Elementarwesen, Knaur
STEINER RUDOLF (1981), Erde und Naturreiche, Verlag Freies Geistleben
STORL WOLF-DIETER (2000), Die Pflanzen der Kelten, AT Verlag
TOMPKINS PETER & BIRD CHRISTOPHER (2001), Das geheime Leben der Pflanzen, Fischer
ZUMSTEIN CARLO (2001), Schamanismus, Hugendubel

Bäume und Kräuterwissen

J. Mayer/ H.-W. Schwegler
Welcher Baum ist das?

320 S., 1.162 Abb.
Klappenbroschur

ISBN
3-440-08586-4

Stefan Haag
Von Druidentrank und Hexenkraut

ca. 208 S.,
ca. 76 Abb., geb.

ISBN
3-440-09231-3

www.kosmos.de